es 1966
edition suhrkamp
Neue Folge Band 966

Nach einem mehr als 60 Jahre dauernden Konflikt mit Kriegen und Terroranschlägen zwischen Israelis und Palästinensern hat im Jahre 1993 mit den Osloer Vereinbarungen und den Washingtoner Absichtserklärungen ein »Friedensprozeß« in Palästina begonnen. Die Palästinenser anerkannten das Existenzrecht des Staates Israel in Palästina, und Israel gewährte den Palästinensern im Gazastreifen und im Westjordanland eine Autonomie. Juan Goytisolo erkundete Anfang des Jahres 1995 die Situation in diesen autonomen Gebieten. Wie in seinen Büchern *Notizen aus Sarajewo* (es 1899) und *Ein algerisches Tagebuch* (es 1941) verschafft er sich einen eigenen Eindruck von jenen gewaltsamen Konflikten, in denen auch über die Möglichkeit eines friedlichen Zusammenlebens in Europa entschieden wird. Durch seine genauen Beobachtungen erreicht er auch bei dieser Bestandsaufnahme eines aktuellen Konflikts eine Authentizität, die den bildergesättigten Fernsehzuschauern vorenthalten bleibt.

Juan Goytisolo wurde 1931 in Barcelona geboren. Er lebt heute in Paris und Marrakesch. 1993 erhielt er den Nelly-Sachs-Preis. Die hier versammelten Artikel erschienen auf deutsch zuerst in der *Frankfurter Rundschau*. Zuletzt erschien von ihm im Suhrkamp Verlag: *Rückforderung des Conde don Julián* (1976), *Identitätszeichen* (1978), *Johann ohne Land* (1981), *Spanien und die Spanier* (1982), *Dissidenten* (1984, es 1224), *Landschaften nach der Schlacht* (1990), *Quarantäne* (1993, es 1874), *Notizen aus Sarajewo* (1993, es 1899), *Ein algerisches Tagebuch* (1994, es 1941), *Engel und Paria* (1995).

Juan Goytisolo

Weder Krieg noch Frieden

Palästina und Israel heute

Aus dem Spanischen
von Thomas Brovot

Suhrkamp

edition suhrkamp 1966
Neue Folge Band 966
Erste Auflage 1995

Deutsche Erstausgabe

Satz: Fotosatz Otto Gutfreund GmbH, Darmstadt
Druck: Nomos Verlagsgesellschaft, Baden-Baden
Umschlagentwurf: Willy Fleckhaus
Printed in Germany

1 2 3 4 5 6 – 00 99 98 97 96 95

Inhalt

I

Das Pulverfaß Gaza

Vom Balkon des Ramada in Tel Aviv aus überblickt der Besucher am späten Nachmittag einen blitzsauberen, von Vier-Sterne-Hotels gesäumten Sandstrand, an dem junge und nicht mehr ganz so junge Leute in Jogginganzügen und verschiedenartigster Sportkleidung Volleyball spielen, im Rhythmus hin- und herlaufen oder ihre Ausdauer trainieren für einen möglichen Marathonlauf. Das Panorama ist das gleiche wie in jeder x-beliebigen nordamerikanischen oder europäischen Küstenstadt mit entsprechenden Anlagen für die Badegäste, mit Eßlokalen und Fahnen, die in der lauen Brise flattern. Die Sonne versinkt am Horizont, und das Dämmerlicht, im theatralischen Verbund mit der heiteren Ruhe des Augenblicks, verschmilzt sanft die Flächen und Farben.

Doch wissen die Einwohner und Touristen, die Teil dieses Bildes von Glück und Freizeitvergnügen sind, welches Leben in der Enklave von Gaza – dank des modernen Straßennetzes, das die israelischen Städte und Kibbuzim miteinander verbindet, nur knapp eine Autostunde entfernt – die Menschen wirklich führen? Das staatliche Fernsehen und die allgewaltigen und allgegenwärtigen nordamerikanischen Sender übertragen Bilder von wütenden palästinensischen Demonstranten oder Mitgliedern irgendeines Kibbuz, die über den Zwischenfall vom Tage aufgebracht sind, ein unvermeidliches Überbleibsel, sagt ein Kommentator von CNN, »des längst erloschenen Feuers der Intifada«. Israel und die Palästinenser verhandeln über einen schwierigen Friedensprozeß, und die Aufmerksamkeit der Medien richtet sich auf die regelmäßigen Treffen von Rabin und Peres mit Arafat. Der Krieg sei nun vorbei, heißt es, und Gaza sei ein schmaler Küstenstreifen, in dem die PLO im Rahmen der ihr zugestandenen Autonomie ihr Verhandlungstalent unter Beweis stellen könne.

Die durch die Washingtoner Absichtserklärung und die Osloer Vereinbarungen genährten Hoffnungen schwinden jedoch, betrachtet man die Wirklichkeit im Licht der nackten Tatsachen. Gaza ist heute noch lange kein Pilotprojekt; es ist nach wie vor ein Pulverfaß, das jeden Moment explodieren kann.

Der Grenzübergang Erez birgt alle Elemente dieser brisanten Situation. Als ich vor sechs Jahren mit meinen Begleitern vom Fernsehteam der Dokumentarserie Kibla hier hinüberfuhr, ließ uns die israelische Militärpolizei eine Ewigkeit warten, ehe man uns die Passiererlaubnis erteilte. Jetzt wurden die Wach- und Kontrollposten anscheinend noch verstärkt, doch das Taxi mit israelischem Kennzeichen, in dem ich sitze, schlüpft auf einer für den Autoverkehr eingerichteten Spur hindurch, ohne daß jemand meinen Paß sehen will oder mich nach dem Grund für meinen Besuch in einem siebzig Kilometer langen und zwischen zwanzig und dreißig Kilometer breiten Ghetto fragt, in dem sich mehr als 800000 Einwohner drängen. Geschwind durchqueren wir das Niemandsland, fahren an dem viel ärmlicheren und bescheideneren Wachposten der Palästinensischen Autonomiebehörde (PNA) vorbei und kommen zu der etwas windschiefen Tankstelle, wo ein anderes Taxi mit dem weißen Nummernschild von Gaza auf mich wartet.

Ein trügerischer Eindruck von Normalität. Obwohl Erez in der Presse als Symbol für einen der üblichen Treffpunkte der israelischen und palästinensischen Führer gilt, ist der Ort dennoch häufig Schauplatz gewalttätiger Auseinandersetzungen. Am 17. Juli 1994, kurz nach Arafats Amtseinführung in Gaza, rebellierten Tausende von Arbeitern, die Tag für Tag die Grenze passieren, um in Israel zu arbeiten, aus Empörung über die langen Wartezeiten und bürokratischen Schikanen. Die palästinensische Polizei griff ein, und es kam zu einem zwölfstündigen Schußwechsel, der zwei Tote und mehr als hundert Verletzte unter den Palästinensern forderte; die Menge, anscheinend aufgestachelt von der Hamas (Abkürzung für »Islamische Widerstandsbewegung«), steckte 152 Autobusse des eh schon mageren Fuhrparks von Gaza in Brand; siebzehn israelische Soldaten trugen Verletzungen davon, und als Konsequenz blieb die Enklave mehrere Tage hermetisch abgeriegelt. Man beschuldigte sich gegenseitig der Provokation, und keine unparteiische Untersuchungskommission hat je den tatsächlichen Hergang geklärt oder jemanden verantwortlich gemacht. Wenige Tage vor meiner Ankunft endete eine weitere angebliche »Provokation« der palästinensischen Polizei mit einem regelrechten Sturm des Tsahal (der israelischen Armee) auf ein Haus im Nachbardorf, in das sich die »Aggressoren« geflüchtet hatten; sie wurden niedergekämpft, und die *Jerusalem Post* – Sprachrohr der knallharten israelischen Rechten – bezeichnete sie als Hamas-Agenten, die die Reihen der neuen Polizei Arafats infiltriert hätten.

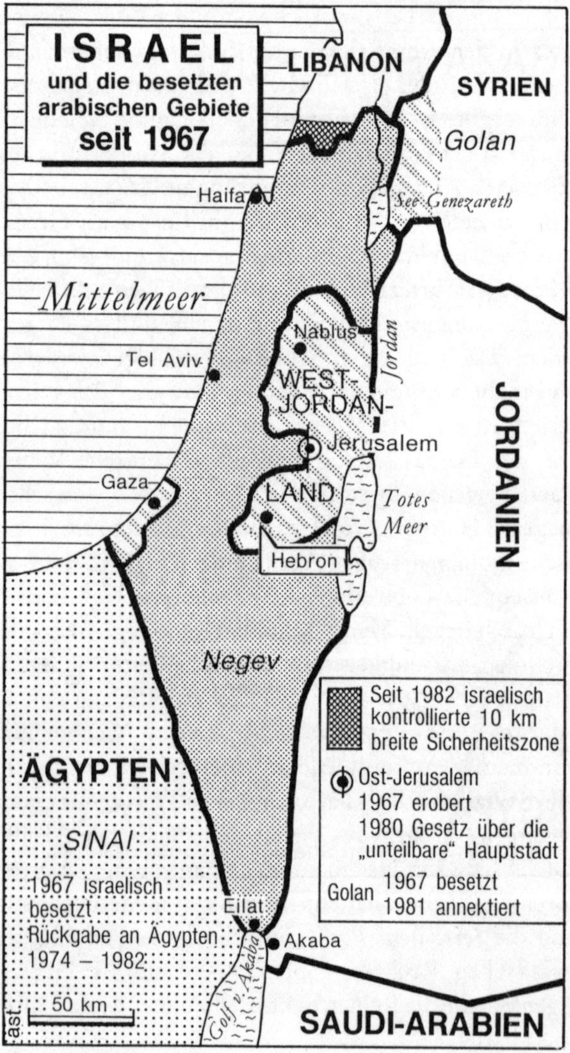

ISRAEL
und die besetzten
arabischen Gebiete
seit 1967
LIBANON
SYRIEN
Golan
Haifa
See Genezareth
Mittelmeer
Nablus
Jordan
Tel Aviv
WEST-
JORDAN-
LAND
Jerusalem
JORDANIEN
Gaza
Totes
Meer
Hebron
Negev
Seit 1982 israelisch
kontrollierte 10 km
breite Sicherheitszone
Ost-Jerusalem
1967 erobert
1980 Gesetz über die
„unteilbare“ Hauptstadt
Golan
1967 besetzt
1981 annektiert
ÄGYPTEN
SINAI
1967 israelisch
besetzt
Rückgabe an Ägypten
1974 – 1982
Eilat
Akaba
Golf v. Akaba
50 km
ast.
SAUDI-ARABIEN

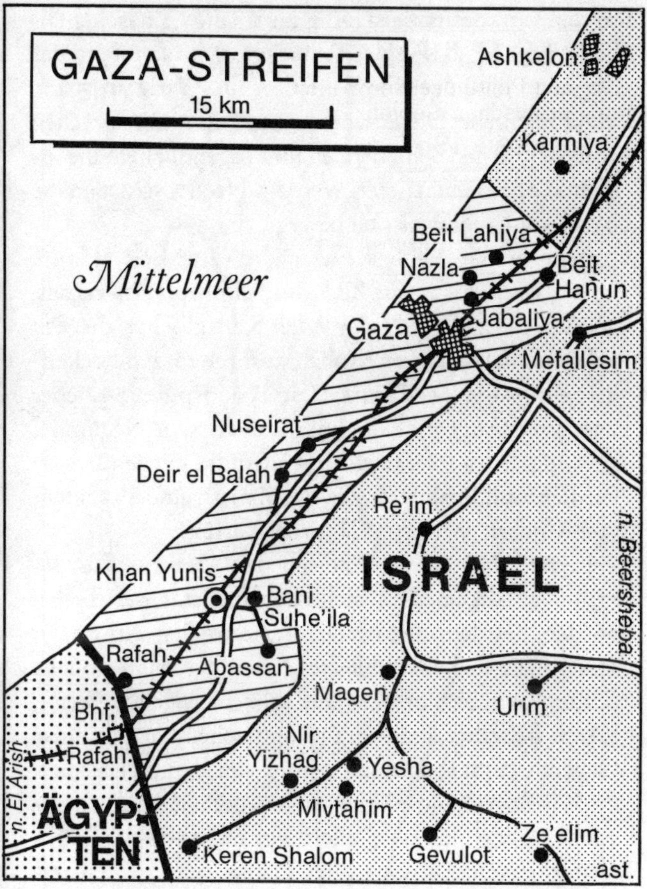
GAZA-STREIFEN
15 km
Ashkelon
Karmiya
Beit Lahiya
Nazla
Beit Hanun
Mittelmeer
Jabaliya
Gaza
Mefallesim
Nuseirat
Deir el Balah
Re'im
n. Beersheba
ISRAEL
Khan Yunis
Bani Suhe'ila
Rafah
Abassan
Magen
Urim
Bhf.
Rafah
Nir Yizhag
Yesha
Mivtahim
n. El Arish
ÄGYP-TEN
Ze'elim
Keren Shalom
Gevulot
ast.

In der Tat kommt es ständig zu solchen Zwischenfällen, ohne daß dies in der Presse ein Echo fände; in der jetzigen Phase der Konfrontation sind Verletzte keine Meldung mehr. Die Bewohner an der Grenze sprechen von nächtlichen Schießereien und Jugendlichen, die ins Krankenhaus eingeliefert werden. Nachts schießen die Israelis auf alles, was sich bewegt.

Beim ersten Anblick bieten die Orte Beit Hanun, Jabaliya und Gaza ein Bild von Schmutz und Verfall: Straßen unter Wasser oder voller Schlaglöcher, die sich auf dem malträtierten Asphalt ausbreiten wie Pockennarben; baufällige Häuser mit Brandspuren; Löcher wie leere Augenhöhlen oder aufgerissene Schlünde; gewaltige Abwasserkanäle mit allem möglichen Unrat; Parolen und Schmierereien an Mauern und Fassaden; von Kindern gezogene klapprige Karren.

In Beit Hanun erkenne ich den Drahtverhau des früheren Allgemeinen Sicherheitsdienstes des Tsahal wieder, bei dem der israelische Journalist Ari Shavit seinen Militärdienst ableistete; die allgemein übliche Folterpraxis bezeugte er auf sehr bewegende Weise. Heute beherbergt das graue und scheinbar harmlose Gebäude, umgeben noch immer von den Sicherheits- und Überwachungseinrichtungen, die neue palästinensische Polizei; ich weiß allerdings nicht, ob die Zellen weiterhin mit Aktivisten der Hamas oder des Islamischen Dschihad belegt sind.

Will man die Innenstadt von Gaza mit dem Auto durchqueren, braucht man einen erfahrenen Chauffeur, den nichts aus der Ruhe bringt. Sami, den ich durch den Nahostkorrespondenten von *El País* kennengelernt habe, schlängelt sich durch einen endlosen Morast, durch überschwemmte Straßenzüge und Viertel ohne die geringste Infrastruktur, Ergebnis einer Verzehnfachung der Einwohnerzahl in den letzten fünfundvierzig Jahren und der brutalen israelischen Okkupation, die immer noch nicht beendet ist.

Vor der *nakba* oder Katastrophe von 1948 hatte der Gazastreifen etwa 90000 Einwohner. Als Folge des ersten palästinensisch-israelischen Krieges flohen mehr als 200000 Menschen in das Gebiet. Die Flüchtlinge wurden mit Hilfe der UNRWA (United Nations Relief and Works Agency for Palestine Refugees in the Near East) in Übergangslagern untergebracht. Die Hütten und Baracken, denen es an den elementarsten Einrichtungen mangelte, baute man ganz bewußt als Provisorium: Die Vertriebenen von 1948 lehnten es ab, sich unter annehmbareren Bedingungen niederzulassen, im Vertrauen auf die baldige Rückkehr in ihre Wohnungen in Jaffa, Haifa, Akko oder in eins der vierhundert Dörfer, die nach und nach von der Landkarte gefegt wurden, um auf den Ruinen die neuen Kibbuzim zu errichten. Wie die aus Spanien vertriebenen Juden und Morisken bewahrten sie in der Diaspora liebevoll die Schlüssel und Besitzurkunden von Häusern und Feldern, die längst nur noch im Gedächtnis und in ihren Träumen existierten; lieber klammerten sie sich an die immaterielle Wirklichkeit der Erinnerung, als in feste Häuser zu ziehen, die die UNRWA für sie bauen wollte. In den fünfziger Jahren litt Gaza schwer unter den Attacken des Tsahal und, 1956, unter der kurzen israelischen Besetzung während der britisch-französischen

Militärexpedition gegen Nasser. Nach dem politischen Fiasko der Intervention – und der Ablösung Englands und Frankreichs durch die Vereinigten Staaten als Hegemonialmacht in Nahost – wurde die Enklave zur Keimzelle der künftigen Fedajin. Arafat, Abu Ayad, Abu Djihad et cetera – die künftigen Führer der Fatah und der PLO – wuchsen in diesen Jahren auf und erlebten ihre Feuertaufe in den Flüchtlingslagern von Gaza. Mit der zweiten Katastrophe von 1967 und der darauffolgenden israelischen Besetzung begann eine neue Zeit der Verfolgung und des Widerstands der Palästinenser. Vier Jahre lang verhängten die Sondereinheiten Ariel Sharons eine Ausgangssperre, schnürten die Konfliktgebiete fast bis zum Ersticken ein, führten Massenverhaftungen durch und verhängten Kollektivstrafen, erzwangen schließlich die Ordnung. Von 1971 bis zum Beginn der Intifada erlebte das Gebiet von Gaza einen prekären Frieden unter der Knute der Besatzungsmacht, während die israelischen Siedlungen, besonders in der Umgebung von Rafah, immer zahlreicher wurden und sich ausbreiteten.

Mit dem »Krieg der Steine« begann eine neue Phase des langen, gewalttätigen und aufreibenden Konflikts. Als ich meinen Film über die Intifada drehte, standen sieben der acht großen Flüchtlingslager unter Kriegsrecht und waren hermetisch abgeriegelt; die israelische Armee hatte auch das Stadtzentrum abgesperrt, und das ganze Territorium war eine schreckliche Abfolge von Bildern der Unterdrückung, des Elends und des Leids.

In einem großen Teil des Stadtgebiets wagen sich die

Autos auf den überfluteten Fahrbahnen nur ganz vorsichtig voran; hie und da ragen, wie Klippen, Lkw-Reifen aus dem Wasser, die die Jugendlichen während der Intifada angezündet haben, oder ramponierte und verdreckte Müllcontainer. Doch der Handel blüht, wenn auch zaghaft, wieder auf: je weiter wir uns dem Stadtzentrum nähern, desto zahlreicher werden Tankstellen, Reparaturwerkstätten, Lebensmittelläden, Obststände und sogar Möbelgeschäfte mit den widerlichen Fauteuils, die ich bei anderer Gelegenheit »Louis-XXVI-Sessel« genannt habe und die von den rührseligen ägyptischen Fernsehserien populär gemacht wurden. Allerdings verfügen nur wenige Einwohner Gazas über die nötigen Mittel, um einen solchen zu erwerben und ihr üppiges Hinterteil darin zu versenken.

Die Haupteinkaufsstraße, der Boulevard Omar el Mokhtar, ist nicht wiederzuerkennen, wenn man ihn zuletzt vor sechs Jahren gesehen hat. Damals waren die Geschäfte und Basare geschlossen, an den Ecken hatte man Straßensperren mit Stacheldraht errichtet, und die bis an die Zähne bewaffneten Tsahal-Soldaten in ihren Jeeps schwangen drohend ihre M-16 und verwehrten mir und meinen Begleitern den Durchgang. Heute herrscht dort ein lebhafter Verkehr, und auf den Bürgersteigen wimmelt es von Menschen, die zwischen den Autos hindurchschlüpfen und in den Basaren die Waren prüfen und erfeilschen. Auf dem Platz wehen Hunderte von Fahnen mit dem aufgedruckten Foto der ermordeten PLO-Führer. Die Arab Bank und die Bank von Palästina haben ihre Pforten geöffnet, und das wunderschöne Gebäude der Moschee empfängt die Gläubigen mit Anstachelungen zum Heiligen Krieg an seinen Wänden.

Das Küstenviertel, in dem sich die Palästinensische Autonomiebehörde befindet, hebe ich mir für später auf. Ich folge dem Ruf der Erinnerung und begebe mich nach Chati, zum einzigen Flüchtlingslager, in das ich mich 1988, unter äußerst schwierigen Umständen, hineinschmuggeln konnte. Die Lehmmauer, die das Lager umschloß, ist niedergerissen, und ich kann das Labyrinth der Gäßchen mit seinen mehr als bescheidenen Behausungen aus dünnen Wänden und Blechdächern ungehindert betreten. Von einem Hügel aus, der die Küste überragt, schweift mein Blick über ein buntes Panorama aus Fähnchen, Fernsehantennen, Kesseln und Kanistern, zu primitiven Wasserreservoiren umfunktioniert. Es gibt weder Gullys noch ein Kanalsystem. Der ganze Schmutz fließt in kleinen Gräben ab, die dank der abschüssigen Lage hinunter an den Strand führen. Die in den Hütten und Baracken aufgehängte Wäsche ist der beste Indikator für die Geburtenrate: Wäsche und Kleidungsstücke in allen Größen, die Bandbreite reicht von Windeln Neugeborener bis zu Trainingsanzügen fünfzehn- oder sechzehnjähriger Jungen und Mädchen. Ich stelle einige Berechnungen an und komme auf eine Durchschnittsfamilie mit fünf oder sechs Sprößlingen. Als ich zum Meer hinunterschaue, sehe ich eine Schutzbarriere aus Felsen und einen mit Abfällen übersäten Strand, an dem Dutzende von Kindern spielen. Ein Junge in Hemd und Badehose harrt geduldig in den Wellen aus und versucht mit seinem flattrigen Wurfgarn zu angeln. Zu meiner Rechten, auf dem Weg nach Gaza, sind mehrere Häuser im Bau, und zwei Straßenwalzen planieren eine zukünftige Uferpromenade.

Auf meinem Weg zurück zum Ausgangspunkt unterhält sich ein etwa vierzigjähriger Mann, auf dem Kopf die Kafia, die schwarzweiß karierte Kopfbedekkung der Palästinenser, mit einem älteren Herrn – später erfahre ich, daß es der Vater ist – an der Tür seiner Wohnung. Nachdem er mich gegrüßt und festgestellt hat, daß ich arabisch spreche, bittet er mich, Platz zu nehmen, und bietet mir einen Kaffee an.

»Hier bleibt alles gleich«, sagt er mir. »Es gibt keine Hoffnung und keine Zukunft. Wenn ich in ein anderes Land gehen könnte, würde ich sofort abhauen. Früher haben wir in einem Käfig gelebt, wir konnten wochenlang nicht raus. Heute ist der Käfig etwas geräumiger geworden, aber wir sind immer noch eingesperrt.«

Mein nächster Ausflug führt mich zum ehemaligen Lager von Jabaliya. Es ist das größte und am dichtesten bewohnte im Gazastreifen und hatte während der Intifada am meisten zu leiden. Der Anblick ist erst einmal weniger deprimierend als im Lager von Chati. Es gibt zwei- und sogar dreigeschossige Gebäude, einige davon weiß getüncht. Auf den Hauswänden prangen manchmal recht naive Malereien: die palästinensische Flagge, der Felsendom zwischen zwei schützenden Maschinengewehren, eine Taube mit der schwarzweißen Kafia auf dem Kopf, die die Gitterstäbe ihrer Zelle durchstößt und in die Freiheit davonfliegt. Im Sand eines trockenen Bachbetts stehen Sammeltaxis, Karren mit angespannten Eseln oder Maultieren, Schafherden, ein von Gemüse und Obst überquellender Markt. Ein Bursche von leuchtender Schönheit und mit gezwirbeltem Schnurrbart trägt zwei riesige Kohlköpfe in Händen, eine festliche Darbietung ebenso unschuldiger wie entschiedener Männlichkeit. Auf den Dächern Stromkabel, Fernsehantennen und Wasserbehälter; der alte Wachturm des Tsahal sticht wie ein bedrohliches Periskop oder eine vorwitzige Giraffe heraus. Zwei Jugendliche spielen Domino auf einem Pappkarton. Ein kleiner Steinblock mit einer Tafel gedenkt jener, die bei der Intifada gefallen sind.

Mit Sami setze ich mich vor ein kleines Café, direkt gegenüber der Ambulanz der UNRWA. Von hier aus können sich die Gäste in Ruhe ansehen, was einmal die israelische Garnison war mit ihren Drahtverhauen, Eisengittern und Wachposten. Die Angst und Beklemmung, die jahrelang in Jabaliya herrschten, sind verschwunden. Doch wie ich im Verlaufe meines Aufenthalts feststelle, liegt über dem Viertel eine sichtbare Enttäuschung, in die sich tiefes Unbehagen und Groll mischt ob des bitteren Friedens.

Der Besitzer des Cafés und sein Freund erkennen sofort meinen maghrebinischen Dialekt. Fünf Jahre haben sie in Algerien und Marokko gearbeitet und erinnern sich voll Wehmut an ihre glückliche Zeit in Casablanca.

»In Gaza gibt es für die Jugend keinen Ausweg. Ich habe einen Abschluß in Biochemie, und Sie sehen ja selbst, ich versuche, als Caféwirt über die Runden zu kommen.« Sein Freund fragt mich, ob ich Cheb Khaled kenne, und uns fallen seine Lieder ein und die anderer Stars der Rai-Musik.

Bevor wir uns verabschieden, zeigt der Besitzer mit dem Finger auf einen rostigen Kanister voll Erde, mit Löchern zur Entwässerung und einer Art Maschendrahtkäfig zum Schutz vor Wind und kindlichem Vandalismus, in dem trotz aller Pflege, die man ihm angedeihen läßt, ein rachitisches Bäumchen verkümmert oder, besser gesagt, dahinstirbt.

»Machen Sie ein Foto davon«, sagt er zu mir, »dann haben Sie ein konkretes Bild davon, was die Palästinensische Autonomiebehörde tatsächlich ist.«

II

Arafat in der Reuse

Bei meinem letzten Besuch in Gaza hinderten uns die israelischen Militärs an der Weiterfahrt in Richtung Süden der Enklave: Wenige Kilometer vor Deir el Balah zwangen sie uns mit ihren Sturmgewehren zur Umkehr. Seit dem Ende der Intifada ist die Strecke geöffnet: im Zickzack, an Tonnen und Betonblocks vorbei, passiert das Taxi die gutmütige oder gleichgültige Kontrolle der palästinensischen Polizei. Die alte, malträtierte Fernstraße schneidet sich schnurgerade durch Felder und Orangenhaine. In den Plastikplanen über Frühkulturen und intensiv bewirtschafteten Pflanzungen spiegelt sich die Sonne. An den Kreuzungen, die zu den neunzehn jüdischen Siedlungen führen, kontrollieren die Wachen des Tsahal, auf Hügeln hinter Sandsäken verschanzt, den Verkehr nur knapp hundert Meter von den Posten ihrer ehemaligen Feinde entfernt. Diese Nähe, weder hüben noch drüben erwünscht, führt oft zu Zwischenfällen, auch blutigen; die Palästinenser beschuldigen die Israelis, sie hätten die Finger locker am Abzug, während letztere die Aktionen bewaffneter Hamas-Kommandos anprangern. Die Straßenschilder nach Netzarim, Katif, Neveh Dkalim sind auf hebräisch und englisch. Khan Yunis scheint von jüdischen Kolonien umzingelt, und der Eindruck einer regelrechten Belagerung drängt sich in der Umgebung von Rafah auf.

Die größte Stadt im Süden der Enklave selbst erweckt den Anschein von Normalität: Garküchen, gut sortierte Läden, Barbierstuben, Obststände mit riesigen Bananenbüscheln, geheimnisvolle Import-Export-Firmen. Doch nach einem Abstecher in das triste Barackenviertel von Chikh el Aid, wo sich Tausende Flüchtlinge von 1948 und ihre Nachkommen drängen, zeigt eine Fahrt über die neuen und sehr gepflegten Landstraßen, die zu den großen jüdischen Siedlungen nahe der ägyptischen Grenze führen, die krude Wirklichkeit des von den Siegern aufgezwungenen Unrechts. Auf dem uneinnehmbaren Areal von Gush Katif befindet sich eine große Militärbasis, umgeben von Stacheldraht und elektrischen Zäunen. Ihre über zwei oder drei Kilometer verstreuten Anlagen sind in perfektem Zustand und hochmodern, mit Hangars, Kasernen, Lagerhallen, riesigen Radargeräten, Parabolantennen, Sendemasten und einer beeindruckenden Armada von geländegängigen Fahrzeugen. Der Gegensatz zur Ärmlichkeit der palästinensischen Kontrollposten könnte schockierender nicht sein.

Im gesamten südlichen Umkreis verknüpfen die von der Besatzungsmacht gebauten Straßen die Siedlungen miteinander, immer gesäumt von Gittern und Maschendraht, wie ein reicher Staat in einem armen. Auf den Sandhügeln und nicht abgesperrten Flächen weiden abgemagerte Herden, und ein paar Bauern bestellen ihre kleinen Felder mit Olivenhainen und Kaktushecken. Die Verkehrsschilder geben ausschließlich die Sprache des Besatzers wieder: Landwirtschaftsbetriebe Gan Or Bdolach, Benel Atzmon. Die für die Siedler bestimmten Häuser mit ihren weißen Fassaden und roten Dächern reihen sich adrett und makellos aneinander; wie ich erkennen kann, stehen die allermeisten von ihnen leer. Die Jeeps des Tsahal bewegen sich ungehindert zwischen den verschiedenen Orten, in der Zone gibt es weder Straßensperren noch Posten der Polizei Arafats. An der Stelle, an der eine verwahrloste Landstraße abgeht, warnt eine Tafel auf englisch: »Achtung! Sie betreten das Gebiet der Palästinensischen Autonomiebehörde!« Mittlerweile gefeit gegen Überraschungen jeder Art, entschließe ich mich zu einem kurzen Abstecher an den Grenzübergang, der die Enklave von El Arish trennt. Dort, zwischen dem dekorativen Kontrollhäuschen der PNA und dem der Arabischen Republik Ägypten, inspizieren die Israelis und bestimmen, wer reinkommt und rausdarf: ohne ihr Plazet kann kein Bewohner Gazas, auch kein ausländischer Besucher, das autonome Gebiet verlassen oder betreten. Der pakistanische Botschafter in Kairo, der hergekommen war, um einen Besuch Benazir Bhuttos bei Arafat vorzubereiten, mußte unverrichteterdinge wieder abziehen. Nach zuverlässigen Schätzungen kontrolliert der Tsahal noch 42 % der von lediglich 3700 Siedlern besetzten Enklave. Einige der neunzehn Siedlungen, Netzarim zum Beispiel, sind unbewohnt und dienen offenbar als Basis und Tempel für die bewaffneten oder destabilisierenden Aktionen der *mustaarabim*, der israelischen Agenten, die als Araber verkleidet Säuberungsaktionen gegen »die Feinde des Friedensprozesses« durchführen. Trotz der Abkommen von Oslo und auf die Gefahr hin, den Haß, den die Besetzung und die unerträgliche wirtschaftliche Ungleichheit hervorgerufen haben, noch weiter zu schüren, genehmigte ein militärischer Befehl vom Mai 1994 die Beschlagnahme von neuem Land für die Siedlungen, nordöstlich von Beit Lahiya, im Norden des autonomen Gebiets.

WELCOME T

GAZA

Angesichts all dieser Umstände nimmt es nicht wunder, daß Arafat in dem Maße, wie er in der Presse und in Regierungskreisen der Vereinigten Staaten und der Europäischen Gemeinschaft mit Lob und Ehrungen überhäuft wird – pompöse Zeremonie im Weißen Haus, Nobelpreis zusammen mit Rabin und Peres –, für die Einwohner Gazas an Ansehen und Glaubwürdigkeit einbüßt. Wurde er bei seiner Ankunft in der Enklave am 1. Juli 1994 noch wie ein Held gefeiert, stellt ein wachsender Teil der Bevölkerung seine politische Linie und seine Regierungsmethoden heute in Frage.

Zu Arafats Entlastung sei gesagt, daß für diese Ablehnung nicht er allein die Verantwortung trägt. Nach siebenundzwanzig Jahren Okkupation und sechs Jahren Intifada erwiesen sich die Erwartungen, daß sich die Lebensverhältnisse sofort und spürbar ändern würden, als allzu hoch gespannt. Allerdings waren auch die in verschiedenen Interviews dargelegten Pläne des PLO-Führers, Gaza zu einem Hongkong oder Singapur des Mittelmeers zu machen, völlig unrealistisch. »Wir werden eine Revolution im Wohnungswesen durchführen«, versprach er kurz nach seiner Ankunft in der Enklave. »Wir werden 30000 Wohnungen bauen, was Beschäftigung für 50000 Arbeiter bedeutet. In Zukunft muß niemand mehr nach Erez gehen, um Arbeit in Israel zu suchen.«

Von den für 1994 versprochenen 720 Millionen Dollar hat die Palästinensische Autonomiebehörde lediglich 60 Millionen erhalten. Beim Treffen der Geberländer im vergangenen September in Paris verhinderten

Israel und die Weltbank die Freigabe der vorgesehenen 200 Millionen: Stein des Anstoßes war ein kleiner, für Ost-Jerusalem bestimmter Betrag der Gelder. Die Hilfen einiger Länder (Frankreich, Japan, Norwegen u. a.) fließen in konkrete Projekte, und die von Israel genehmigten, spärlich tröpfelnden Zahlungen erlauben nicht, die in Oslo und Kairo vereinbarten Betriebskosten der PNA zu bestreiten. Kurz: Arafat verfügt nicht über die Mittel zur Verwirklichung seiner Politik, er ist Opfer zugleich der geschickten Schachzüge Rabins und einer Umgebung, die seinem »Miniprotektorat« Gaza immer feindseliger gegenübersteht.

In einem Interview, das er vor ein paar Monaten der israelischen Tageszeitung *Haaretz* gab, drückte der Chef der PNA seine Verzweiflung aus über das doppelte Spiel der Israelis, über die Versuche der Extremisten auf beiden Seiten, den »Friedensprozeß« zu sabotieren, und die »täglichen Demütigungen« durch seinen ehemaligen Feind.

Die Einschränkung der Bewegungsfreiheit seiner »Minister« (denen es manchmal unmöglich gemacht wird, nach Jericho oder ins Westjordanland zu gelangen); die Weigerung, ihm Zugang zu den heiligen moslemischen Stätten in Jerusalem zu gewähren (während König Hussein von Jordanien herzlich eingeladen war, dort sein Gebet zu verrichten); die wiederholte Verschiebung des Termins für die palästinensischen Wahlen, erst vom 13. April auf den 15. Dezember und dann erneut (»kein Datum ist heilig«, bemerkte Rabin lakonisch dazu); die Schließung der Grenze für Tausende von Arbeitern als kollektive Vergeltungsmaßnahme für die Zwischenfälle in Erez (worauf sich die soziale und politische Spannung im Innern der Enklave noch verschärfte); die wiederholte Forderung, in Gaza den Palästinensischen Autonomierat einzuberufen, um jene Passagen aus der Charta zu streichen, die zur völligen Befreiung Palästinas aufrufen (was wegen mangelnder Beschlußfähigkeit unmöglich ist); die Gründung neuer Siedlungen im Westjordanland (trotz aller Versprechen, sie »einzufrieren«); der Druck auf die PNA, die Mitglieder der Hamas und des Islamischen Dschihad festzunehmen und zu verurteilen, wann immer einer ihrer Kämpfer in Israel oder den von Israel kontrollierten Gebieten einen Anschlag verübt (womit sie gezwungen wird, die undankbare Rolle zu spielen, die früher dem Tsahal zukam, was sie in den Augen ihrer Landsleute disqualifiziert); die Verringerung der Zahl israelischer Arbeitserlaubnisse für die Bewohner der Enklave von 80000 auf nur noch 8000 (und damit einhergehend ein Verlust an lebenswichtigem Einkommen für Hunderttausende Personen) sowie die Entscheidung, Arbeitskräfte in Rumänien, Thailand und China anzuwerben (35000 Arbeiter aus diesen Ländern ersetzen bereits die Palästinenser auf dem Arbeitsmarkt) – dieses ganze Bündel von Faktoren zeigt, wie machtlos der altgediente Führer der PLO in Wirklichkeit ist, gefangen in seiner Reuse.

Zu all den Hindernissen und Forderungen müßte man noch die Absicht Rabins hinzurechnen, seinen alten und gehetzten Rivalen symbolisch zu demütigen: die beiden Privathubschrauber Arafats sitzen nach wie vor auf der Piste eines ägyptischen Flughafens fest; aus seinem ersehnten Titel *President* der PNA wurde nur ein *Chairman* (Vorsitzender), und die Hamas-Aktivisten nennen ihn abfällig *mendub* (Vertreter; Tel Avivs, versteht sich); das Recht, Briefmarken mit dem Namen Palästina zu drucken, wurde ihm in den Kairoer Verhandlungen durch ein Veto verwehrt...

Das Leiden der Bevölkerung, die jahrelang unter Kriegsrecht und Ausgangssperre leben mußte, gefangen im Elend und in der Enge der Lager, hat insgesamt abgenommen, gewiß, aber konkrete Vorteile des Friedens sind nicht in Sicht. Der Rückgang der Beschäftigung, die Mängel im Erziehungssystem, das Fehlen einer medizinischen Infrastruktur ergeben ein düsteres Bild, das die Stabilität der Zone und die prekäre Situation ihres Oberhaupts bedroht. Die Umfragen zeigen zwar, daß Arafat noch auf eine größere Unterstützung zählen kann als Hamas oder die im Damaskuser Exil ansässige Opposition der Volksfront zur Befreiung Palästinas oder der Demokratischen Befreiungsfront Palästinas, doch in Gaza habe ich praktisch niemanden getroffen, der ihn offen unterstützt.

Die Kritik an den Osloer Vereinbarungen und an Arafats autoritärem Stil, seiner Willkür und klassischen Auffassung von Macht – angefangen bei Haidar Abdel Chafi, dem angesehenen Präsidenten des Roten Halbmonds, Unterhändler bei den ersten Friedensgesprächen und Vermittler zwischen der PNA und den islamischen Fundamentalisten nach dem jüngsten Blutbad an der Moschee von Gaza, bis hin zu den Akademikern, Kaufleuten und jungen Arbeitslosen, mit denen ich sprach –, ob grimmig oder besonnen, sibyllinisch oder unverblümt vorgebracht, bestätigt zweifellos, daß seine Beliebtheit allmählich schwindet.

»Der Friedensprozeß verliert jede Glaubwürdigkeit«, sagt Haidar Abdel Chafi. »Rabin behält die volle Kontrolle über die Situation; er will die palästinensischen Gebiete kantonalisieren und uns in einer Reihe von Homelands einsperren. Unser Volk hat das Recht, sich gegen eine Besetzung zu wehren, die zwar den Namen, nicht aber die Methoden gewechselt hat.«

Ein Basarhändler am Boulevard Omar el Mokhtar behauptet mit großer Vehemenz, die Situation habe sich seit der Autonomie verschlechtert, und er verdeutlicht seinen Standpunkt mit einer Parabel: »Wenn ein Armer Hunger leidet und ein Reicher ihm einen Fisch gibt, ißt er ihn auf und ist hinterher satt. Wenn er ihm nichts gibt, lernt er zu fischen.« Arabische Lust am Fabulieren oder eine Maxime aus Maos *Rotem Buch*? In meinem Heft finden sich sehr viele hingekritzelte Notizen über Kommentare gleichen Inhalts und gleichen Stils. Nach sechs Jahren kräftezehrender Intifada wünscht die Mehrheit der Bevölkerung eben eine Atempause, keine neuen, Menschenleben kostenden Auseinandersetzungen. Wenn die erwartete internationale Hilfe in die Enklave fließen würde, würde sich die derzeitige Tendenz, gegen Arafat zu wettern und ihn für politisch tot zu halten, wahrscheinlich umkehren. Bis dahin geht es gesellschaftlich weiter bergab, und nach Schätzungen Terje Larsens, Sonderkoordinator der UNO für die besetzten Gebiete, »ist der Lebensstandard der Bevölkerung heute 50% niedriger als vor sechs Monaten«.

Eine der ersten Maßnahmen der gerade aus der Taufe gehobenen Autonomiebehörde bestand darin, die Wände Gazas von allen anti-israelischen Graffiti zu säubern. Die Aktion, die laut *New York Times* mehr als drei Millionen Dollar kostete, erwies sich als ebenso teuer wie nutzlos. Wochen nach dem Übertünchen sah die Stadt wieder aus wie zuvor. Die Wandschmierereien waren erneut da, diesmal jedoch gegen den Chef der PNA gerichtet: »Arafat, Sklave Rabins und der Amerikaner, dich wird dasselbe Schicksal ereilen wie Sadat!« Nach den blutigen Zusammenstößen zwischen der Polizei und Aufständischen der Hamas-Bewegung am 18. November 1994 intensivierte sich der Krieg der Parolen und Beschimpfungen. Dem »Mörder eures Volkes, die Hölle erwartet euch!« antworteten die Falken der Fatah mit Gegendrohungen: »Wer sich an Teheran verkauft, dem schneiden wir die Zunge ab!« Nicht alle Parolen in Gaza haben denselben Tenor. Einige wollen sich in einem internationalen Zusammenhang verstanden wissen: »Palästina, Irak, Bosnien, Tschetschenien, die Aggression gegen den Islam geht weiter.« Und in dem Stadion, in dem am vergangenen 16. Dezember eine große Hamas-Versammlung stattfand, ist eine besonders finstere zu lesen: »Den Weg zum Paradies werden wir mit Judenschädeln pflastern.« In den Randbezirken von Gaza ist das Foto des PLO-Führers oft zerstört oder mit Farbe überschmiert. Wie mir ein arbeitsloser Akademiker, der Clausewitz gelesen hatte – »Friedensprozeß ist Besetzung mit anderen Mitteln« –, sagte: »Die Israelis reiben sich die Hände. Jetzt bringen wir Palästinenser uns gegenseitig um.«

Die fundamentalistische Bewegung in Gaza, Sproß der seit Jahrzehnten in der Enklave wirkenden Moslembrüder, verzichtete anfangs auf den politischen Kampf gegen die israelische Besetzung zugunsten einer gesellschaftlichen und religiösen Agitation, die den Behörden des jüdischen Staates keine Probleme bereitete. Während die »Kader« der PLO durch die unerbittliche Repression Sharons zwischen 1967 und 1971 dezimiert wurden, dehnte die Liga der Islamischen Charta des Scheichs Ahmed Yassin ihre Aktivitäten auf Schulen, Ambulanzen, Alphabetisierungskurse und Hilfszentren für die Ärmsten der Flüchtlinge aus. Wie Boumedienne und Chadli in den siebziger und zu Beginn der achtziger Jahre in Algerien betrachtete die Besatzungsmacht wohlwollend einen im wesentlichen religiösen Verbund, der ein nützliches Gegengewicht gegen die revolutionären und marxistischen Fedajin von Jasir Arafat (Al Fatah), Georges Habasch (Volksfront zur Befreiung Palästinas) und Nayef Hawatme (Demokratische Befreiungsfront Palästinas) darstellte. Doch genau wie die beiden algerischen Präsidenten – aus dem dortigen radikalen Islamismus ging am Ende die Islamische Heilsfront FIS hervor – spielten die Besatzer mit dem Feuer. Die Gründung der Hamas im Dezember 1987 alarmierte die Besatzungsmacht keineswegs, nicht einmal, als ihr Gründer, Scheich Yassin, die Billigung der Resolution des UNO-Sicherheitsrats durch die PLO verurteilte, die für die Existenz zweier Staaten auf dem ehemaligen britischen Mandatsgebiet von Palästina eintrat. Mit dem spontanen Ausbruch der Intifada und der Beteiligung der Hamas wandelte sich die israelische Haltung: im Mai 1989 wurde Scheich Yassin festgenommen, seitdem ist er in Haft. Doch da Tel Aviv dem Kampf gegen die PLO, die es als Hauptfeind betrachtete, Priorität einräumte, konnte die islamistische Organisation ihre Kader vor den Razzien des Tsahal und vor dem Shin Beth (Geheimdienst) schützen und ihre Schlagkraft aufrechterhalten, bis in die neunziger Jahre hinein. Während Arafats Friedensinitiativen von Tel Aviv zurückgewiesen wurden und sein Führungsanspruch unter den katastrophalen Folgen seiner politisch selbstmörderischen Gleichschaltung mit Hussein während des Golfkriegs litt, hielt die Hamas ihre Verbindungen mit den gemäßigten arabischen Staaten der anti-irakischen Koalition geschickt aufrecht, von denen sie finanzielle Unterstützung erhielt und wahrscheinlich heute noch erhält.

Seit 1991 scheint sich alles gegen den PLO-Chef zu verschwören: Abbruch der Beziehungen zu den Saudis und Golfemiraten und somit Verlust einer bedeutenden finanziellen Hilfe; Einstellung der Geldüberweisungen palästinensischer Arbeiter im Vorderen Orient, auf die Zigtausende Familien in den besetzten Gebieten angewiesen sind; internationale Isolierung; Schwierigkeiten und Hindernisse beim Friedensprozeß, der in Madrid eingeleitet wurde; zunehmende islamistische Hetze gegen seine »Kapitulationspolitik«. Die innerpalästinensischen Auseinandersetzungen beunruhigten die Israelis nicht allzusehr; mit unglaublicher Kurzsichtigkeit oder machiavellistischer Berechnung taten sie so, als sei ihnen entgangen, daß Arafat nicht mehr der revolutionäre Dritte-Welt-Führer war wie zu seinen besten Zeiten; seine Schwäche und sein Status als Paria hatten einen tauglichen und sogar fügsamen Gesprächspartner aus ihm gemacht, bereit, sich auf alles einzulassen, wenn er nur von Washington anerkannt wird. Hamas dagegen schloß – wie die PLO in ihren Anfängen – jede Verständigung mit der »zionistischen Vereinigung« bis zur völligen Befreiung Palästinas aus. Als der Tsahal und die israelischen Sicherheitsdienste die Augen öffneten, war die Bestürzung groß. »Hamas ist wie eine Hydra«, erklärte kürzlich ein Antiterrorexperte und Berater Rabins einem Reporter von *Le Monde.* »Wir können ihre Köpfe abschlagen, aber sie wachsen auf der Stelle nach.«

III

Zwischen Hamas und Rabin

Nachdem die PLO in Gaza sich eingerichtet hat, verschärft sich der Konflikt zwischen der Palästinensischen Autonomiebehörde und Hamas. Auf den Graffitikrieg und die Kampagne gegen Arafat antwortet dieser mit Razzien gegen Islamisten, mit Verhaftungen und Verhören. Die neue palästinensische Polizei – zum großen Teil Soldaten der Befreiungsarmee, die Arafat von Jordanien in den Libanon und vom Libanon nach Tunesien gefolgt waren, ehe sie sich in verschiedene »Bruderländer« zwischen Algerien und dem Jemen zerstreuten – handelt kopflos improvisierend, greift oft, wie unparteiische Beobachter bezeugen, zu Methoden, die sie von den *mukhabarat* einiger arabischer Diktaturen übernommen hat. Noch beunruhigender ist, daß die Rivalität zwischen den verschiedenen Institutionen und die gegenseitige Abschottung eine allgemeine Atmosphäre der Ungewißheit schaffen. Neben der nationalen Sicherheitspolizei und der Präsidentengarde, beide von der Europäischen Gemeinschaft finanziell unterstützt, existieren eine zivile Polizei in blauer Uniform, eine sogenannte »präventive« politische Polizei, in Jericho eingesetzt und von dem ungestümen und unberechenbaren Jibril Rajub angeführt, ein allgemeiner Nachrichtendienst und ein militärischer Abschirmdienst. Über dieses Wuchern von Sicherheitsdiensten und ihre zuweilen blutigen Fehden, die beim geringsten Anlaß ausbrechen, besonders im Westjordanland, sind viele Palästinenser zu Recht besorgt, ob sie nun demokratische Überzeugungen vertreten oder den Islamisten zuneigen.

Nach dem von einem Selbstmordkommando des

Islamischen Dschihad verübten Anschlag an der Fernstraße nach Rafah (an der Kreuzung zur Siedlung Netzarim), dem drei israelische Soldaten zum Opfer fielen, verhafteten die Sicherheitskräfte der PNA bei einer Großrazzia 150 Dschihad-Kämpfer; darauf forderten bei einer von den beiden islamistischen Organisationen arrangierten Protestversammlung Tausende junger Menschen aus Gaza deren unverzügliche Freilassung: die Demonstranten skandierten anti-israelische Parolen und prangerten »die Absprachen zwischen Arafat und Rabin« an. Die Polizei, die an diesem Freitag, dem 18. November, zur Palästina-Moschee kommt, um die Megaphone der Redner zu konfiszieren, wird mit einem Steinhagel empfangen; unter ungeklärten Umständen – die Versionen über die Ereignisse sind diametral entgegengesetzt – schießt sie scharf, und mehrere Personen werden tödlich verletzt. Zwölf Stunden lang kommt es in der ganzen Enklave zu Zusammenstößen und in deren Folge zu Plünderungen, Überfällen und Brandstiftungen. Gaza erlebt noch einmal die schlimmsten, zornigsten und beklemmendsten Momente der Intifada. Bilanz der Repression: dreizehn Tote. Die PNA dagegen spricht von einer »Provokation von außen«; manche sehen darin den langen Arm Israels und seiner *mustaarabim*. Verschiedene Zeugen geben an, mehrere Polizisten hätten ihre Waffen niedergelegt und sich geweigert, den Befehlen ihrer Vorgesetzten zu gehorchen. Andere führten die Befehle aus, wie Ajman Rahdi, der Beamte, der vor lauter Gewissensbissen aus der Kaserne desertierte, seiner Familie einen Abschiedsbrief schrieb und in einem Jerusalemer Omnibus einen Terroranschlag verüben wollte, was ihm mißlang. Sein Foto, Kalaschnikow in der Hand, hängt heute in Gaza in zahlreichen Basaren und an öffentlichen Plätzen.

Bezeichnenderweise steckten die Hamas-Aktivisten während des Aufstands an diesem *schwarzen Freitag* die beiden einzigen Kinos der Enklave in Brand, die nach ihrer Zwangsschließung zu Zeiten der Intifada wieder eröffnet hatten: das Nasser (der Sieg) auf dem belebten Boulevard Omar el Mokhtar in Gaza und das Shadid (der Märtyrer) in Rafah.

»Die Islamisten sind gegen alle kulturellen und künstlerischen Aktivitäten, die die dekadente westliche Ideologie transportieren«, spöttelt ein junger Mann mit Schnauzbart und Brille, während ich die verwüstete Fassade des Nasser fotografiere. »Wirklich absurd, finden Sie nicht? Mit dieser Einstellung müßte man die Rebstöcke aus den Weinbergen reißen, schließlich wird aus ihnen Wein gemacht. Aber tragen sie nicht vielleicht die Trauben, die wir alle essen?«

Die tiefe Kluft zwischen der PNA und Hamas scheint nur schwer zu überbrücken. Die Islamisten beschuldigen Arafat vehement, die »heiligen Ziele« des Widerstands verramscht zu haben: die Rückkehr der etwas mehr als zwei Millionen Flüchlinge von 1948 in ihre alte Heimat, die Wiedereroberung des gesamten besetzten Gebietes und die Gründung eines palästinensischen Staates mit der Hauptstadt Jerusalem. Laut Yussef Ibrahim, Korrespondent der *New York Times*, verfolgen die Inhaftierten aus jenen Bewegungen, die sich dem sogenannten »Friedensprozeß« widersetzen, eine

gnadenlose Taktik: sie antworten bei den Verhören auf hebräisch (viele junge Leute aus Gaza haben die Sprache im Gefängnis gelernt) und wenden sich mit dem demütigenden Begriff *Katzin* (Offizier der israelischen Armee) an die Beamten.

Sind wir auf dem Weg zum befürchteten palästinensischen Bürgerkrieg, den einige voraussagen und viele sich wünschen?

Nach einer Zickzacktour durch Schlamm und überschwemmte Straßen fährt Sami mich zum vereinbarten Treffen mit Mahmud Zahar, einem der geachtetsten Hamas-Führer, dessen Domizil kürzlich von Unbekannten mit Maschinengewehrsalven beschossen wurde. Seine Kritik am Osloer Abkommen und an der Absichtserklärung von Washington ist scharf und unnachgiebig.

»Wie kann man von Frieden reden, wenn weiterhin Krieg herrscht und 95 % unseres Territoriums von Israel kontrolliert wird? Arafat hat kapituliert, ohne im Gegenzug etwas dafür zu erhalten. Seine Wirtschaftspläne sind gescheitert, und er ist gezwungen, bei Rabin und Clinton betteln zu gehen. Wie kann er zulassen, daß 6000 Palästinenser, darunter viele aus seinen eigenen politischen Reihen, in israelischen Gefängnissen verfaulen? Wofür braucht er soviel Polizei, will er das eigene Volk unterdrücken? Wer hat ihn auf seinen jetzigen Posten gewählt? Wir fordern saubere und transparente Wahlen.«

Als wir auf allgemeinere Themen zu sprechen kommen – Bosnien, Algerien, Tschetschenien –, plädiert mein Gesprächspartner bei aller Kritik am Terrorismus der algerischen GIA (Bewaffnete Islamische Gruppierung) für das Recht der dortigen Islamisten, Soldaten und Beamte der Junta sowie Sänger zu exekutieren. »Sänger?« frage ich nach, weil ich glaube, mich verhört zu haben. »Ja, die Sänger im Dienste des verkommenen und atheistischen Regimes.«

Beim Abschied gelingt es mir trotz aller Mühe nicht, sein freundliches Lächeln zu erwidern.

Die Abende in Gaza sind trist. Es gibt keine Straßenbeleuchtung, und die wenigen Cafés und Restaurants schließen früh, wie im Bann einer imaginären Ausgangssperre. Die seltenen Nachtschwärmer, die sich auf die versumpften Straßen wagen und die Polizeikontrollen über sich ergehen lassen, verabreden sich gewöhnlich in einem der beiden Hotels an der Uferpromenade: Geschäftsleute, Funktionäre, der ein oder andere Ausländer, Journalist oder Mitglied der UNRWA oder einer anderen humanitären Organisation. Die einzigen Frauen in Gaza, die das Haar offen tragen, habe ich dort gesehen und im Sitz der PNA.

Vom Fenster meines Zimmers aus betrachte ich bei Tagesanbruch – es gibt weder Jalousien noch Vorhänge, und ich wache mit dem Morgen auf – das gespenstische Skelett des Deiches. Arafats ehrgeiziges Unternehmen, die Enklave mit einem Hafen, der in einer ersten Phase Schiffe bis zu 5000 Tonnen aufnehmen sollte, für den internationalen Handel zu öffnen – theoretisch subventioniert durch Mittel aus Europa, die allerdings nie eintrafen –, brach im vergangenen November in sich zusammen, als ein Sturm die im Bau befindliche Molenkonstruktion zauste und zerstörte. Die aus Jericho herangekarrten Felsen zum Schutz der Metallpfeiler vor der Brandung waren Monate zuvor am Grenzübergang Erez von den Israelis beschlagnahmt worden, unter dem Vorwand, die Hafenbauarbeiten seien nicht von der gemischten Kommission aus Israelis und Palästinensern, die die Wirtschaftspläne der Enklave überprüft, genehmigt worden. Aus dem gleichen Grund werden auch die Mülltransporter, die Frankreich der Stadtverwaltung von Gaza gespendet hat, und die Schulmaterialien oder Computer und Ersatzteile, die humanitäre und verschiedene nichtstaatliche Organisationen zur Verfügung gestellt haben, beim israelischen Zoll im Hafen von Ashdod und an der ägyptischen Grenze zurückgehalten. Wie *Le Monde* am 21. 1. 1995 schreibt, scheinen einige dieser Spenden »verlorengegangen« oder öffentlich versteigert worden zu sein, ohne daß sich in den Ländern und Organisationen, die von dergleichen Willkür und Präpotenz betroffen sind, der leiseste Protest geregt hätte: in Oslo wurde das Paket »geschnürt und zugeschnürt«.

Arafat ließ sich von der israelischen Verschleppungstaktik zwar nicht entmutigen und setzte sein Unternehmen fort, doch der »Experte«, der ihn beriet, erwies sich als Scharlatan. Heute ragt der ramponierte Ponton wie ein hinkender Tausendfüßler ins Meer, krumm und schief, anrührend.

Im benachbarten, für die Öffentlichkeit nicht zugänglichen Fischereihafen gibt es kaum Aktivitäten. Die Fischer können nur in einer 20-Kilometer-Zone entlang der Enklave auf Fang gehen, dahinter werden ihre Kähne von den Patrouillenbooten gnadenlos aufgebracht. Fisch wird so zu einer Luxusspeise, für die meisten unerschwinglich.

Etwa dreihundert Meter vom Hotel entfernt, zwischen dem Kai und einem weitläufigen Parkplatz, erhebt sich das bescheidene, stumpfe Gebäude der Palästinensischen Autonomiebehörde. Beamte der Sicherheitspolizei und der Präsidentengarde unterhalten sich in aller Ruhe am Eingang, kontrollieren die Besucher und grüßen ungezwungen die Personen, die zur Erledigung irgendeiner Angelegenheit einen »Minister« aufsuchen. Unter jenen, die auf dem Bürgersteig gegenüber darauf warten, empfangen zu werden, fällt mir ein etwa siebzigjähriger Mann mit hagerem Gesicht und weißem Schnurrbart auf, gekleidet mit der grauen Djellaba und einer makellos weißen Kafia; seine tiefernste, vornehme Gestalt beeindruckt mich, und ich bedaure, daß ich meine Pentax nicht dabeihabe, um ihn zu fotografieren. Obwohl mir ein Freund die telefonische Durchwahl von Jasir Abdel Rabbo gegeben hat, »Minister« für Kultur und Information und einer der tüchtigsten und unabhängigsten Mitglieder der PNA, ziehe ich es vor, zu ebener Erde einzutreten und mir das Funktionieren der neuen Verwaltung anzusehen. Ich zeige meinen Paß und meine Akkreditierung, und zu meiner Überraschung lassen sie mich passieren. Ich nehme in einem Raum Platz, um den ein halbes Dutzend Büros gruppiert sind, und beobachte das Kommen und Gehen der Büroangestellten, Sekretärinnen und Uniformierten. Nach einer Weile teilt mir ein Beamter mit, der Minister empfange mich um 14 Uhr. Ich gebe ihm eine Kopie meiner Akkreditierung und sage

den Gardisten am Eingang, sie möchten mich bei meiner Rückkehr ohne große Formalitäten durchlassen. Ich finde mich um 14 Uhr ein, doch die Wache hat gewechselt, der Minister nimmt an einer Kabinettssitzung teil, und als ich meine Kopie wiederhaben will, weiß niemand über ihren Verbleib Auskunft zu geben: jemand hat sie verlegt.

Man rät mir, in einer Stunde wiederzukommen, um drei wird die Sitzung beendet sein, dann gibt es eine Pressekonferenz. Halb belustigt, halb neugierig setze ich mich auf die Bordsteinkante vis-à-vis. Der Alte mit dem vornehmen Aussehen geht immer noch auf und ab, den Blick auf das unerreichbare Gebäude geheftet. Eine Gruppe von Frauen will mit Arafat sprechen, Witwen oder Geschiedene, die darüber klagen, daß sie nachts von Polizisten belästigt werden, die um ihre Häuser streichen und an der Tür klingeln. Ein dicker, leutseliger Polizist hält sie freundlich auf Distanz. Die Journalisten und Kameramänner der lokalen Wochenschau *Filistin* und des bescheidenen autonomen Fernsehkanals, der nur in einem Teil der Enklave zu empfangen ist – die Parabolantennen einer von Frankreich gespendeten Relaisstation rosten mangels freundlicher Erlaubnis der Israelis an der Grenze vor sich hin –, lauern auf das Ende der Sitzung des »Ministerrats«, mit einem rührenden Glauben an die Transparenz desselben, und stürzen mit ihren Kameras, Mikrophonen und Tongalgen zum Interview mit Nabil Shaath. Danach verschwindet Shaath in einem Dienstwagen der PNA. Also wird der nächste »Minister« von den Pressevertretern bestürmt. Weder die Frauen noch der alte

Mann in Djellaba und Kafia schaffen es, sich ihm zu nähern. Erneut fahren mehrere Fahrzeuge los. Ein Freund berichtet mir, Jasir Abdel Rabbo sei soeben nach Jericho abgereist. Von meinem Beobachtungsposten am Bordstein aus hat das Schauspiel etwas Fellinieskes.

Es ist mein letzter Nachmittag in Gaza, und ich will das geizige Licht der Jahreszeit nutzen und mir etwas Schönes ansehen – oder hat der Besatzer von gestern und Vormund von heute auch jede Spur von Schönheit in der Enklave getilgt? Kaum sind wir aus der Innenstadt heraus, führt die Straße an der Küste entlang in Richtung Süden. Sami und ich machen an einem Strand halt; die Imbißstände sind geschlossen, zwei Jungen schlafen in einem Eselskarren, ein paar Häuser mit Blick aufs Meer beweisen das zaghafte Aufkeimen eines Bürgertums (der geplante Wohnungsbau ist nicht wie vorgesehen gediehen: finanzielle Mittel fehlen, die Israelis setzen bürokratische Hürden, und die von den Geberländern unterstützte Einrichtung und Arafats Behörde liegen im Streit miteinander). Nach einem kurzen Bummel setzen wir unsere Fahrt auf einer so gut wie ausgestorbenen Straße fort, nahe der israelischen Siedlung Netzarim, bis wir auf einen Bus voller Kinder treffen, die von ihren Sportlehrern dort hingefahren wurden, damit sie sich am Strand etwas austoben. Die Landschaft ist eine Pracht, und nachdem wir die frische und salzige Luft eingesogen haben, machen wir uns auf den Rückweg.

Plötzlich versperrt uns ein Lastwagen voller Polizisten den Weg. Die Beamten legen ihre Maschinengewehre auf uns an und zwingen mich, am Straßenrand auszusteigen. Das Taxi wird von oben bis unten durchsucht, und ich gebe meinen Paß demjenigen, der offenbar der Gruppenchef ist. Nach Beendigung der Fahrzeugdurchsuchung wird Sami »gebeten«, in den Lkw zu steigen, und drei junge Männer begleiten mich im Taxi; mit unbekanntem Ziel brausen wir los. Der Beamte an meiner Seite stellt das Radio an und dreht die Musik auf volle Lautstärke. Die drei Burschen, vielleicht zwanzig Jahre alt, machen einen erregten, euphorischen Eindruck, und bald ahne ich den Grund. Trotz des ohrenbetäubenden Lärms aus dem Radio kann ich ein paar Sätze aufschnappen. Sie glauben, sie hätten fette Beute gemacht: einen israelischen Kommandanten oder Oberst! *Yu'r not Spanis*, grummelt der Fahrer wütend. Die helle Freude meiner Entführer rührt mich, und ich beschließe zu schweigen; es scheint mir grausam, ihnen die wenigen Minuten der süßen Rache zu vergällen. Der Wagen jagt in die Stadt hinein, als wäre es das Chicago aus dem Kintopp, und am Kasernentor der Sicherheit drückt der Fahrer triumphierend auf die Hupe. Ich werde in eine Schreibstube geführt, während eine andere Gruppe von Beamten sich um Sami kümmert. Das Verhör, zu Beginn frostig, wird allmählich freundlich. Meine zahlreichen Visa, all die Ein- und Ausreisestempel arabischer und moslemischer Staaten machen ihn stutzig (genauso wie die Polizei am Flughafen von Tel Aviv; trotz meiner Bitte, den Paß nicht zu stempeln, damit das libanesische Visum nicht ungültig wird, griff die Dame am Schalter, ohne mit der Wimper zu zucken, zum Stempel). Aus Vorsicht nehme ich Abstand davon, mein maghrebinisches Arabisch zu sprechen, es würde die Lage nur verkomplizieren; zahlreiche Israelis, die aus Marokko stammen, sprechen diesen Dialekt. Nachdem er überprüft hat, daß ich im angegebenen Hotel wohne, gibt mir der Offizier meinen Paß zurück.

»Wir bitten Sie um Entschuldigung. In dieser Gegend sickern Israelis ein. Vor ein paar Tagen erst haben wir in einer Orangenplantage bei Khir Beit El Adat zehn von ihnen festgenommen. Haben Sie nicht die Zeitung gelesen?« Er bietet mir einen Tee an, aber ich schütze eine Verabredung vor.

»Die grüne Hose und Ihr Rucksack haben meine Männer irritiert«, sagt er. »Sie dachten, Sie wären ein Soldat.«

Als wir uns verabschieden, reichen wir uns die Hand, und ich verspreche ihm, in Zukunft eine andere Garderobe zu wählen.

Ein ganzes Buch reichte nicht aus, um von Gaza zu sprechen: vom Elend dort, von der Bedrückung und Zerrissenheit, dem Gefühl, von aller Welt verlassen zu sein und zu ersticken, vom Katzenjammer nach so viel verpuffter Hoffnung und zerschlagenen Träumen.

»Sehen Sie sich die jungen Leute in den Lagern an«, sagt mir ein Lehrer. »Sie leben zusammengepfercht, ohne Arbeit, Ablenkung, die Möglichkeit, ins Ausland auszuwandern oder eine Familie zu gründen. Zum großen Teil wurden sie während der Intifada gefoltert oder verhaftet. Praktisch alle haben Geschwister, Verwandte oder Freunde, die als Märtyrer gestorben sind, und sie waren wochenlang wie Tiere in ihren Ghettos eingesperrt. Für sie ist es, als würden sie schon zu Lebzeiten sterben, und ihr Herz wird zu einer Bombe. Eines Tages beteiligen sie sich dann, ohne der Familie Bescheid zu sagen, mit der nächstbesten Waffe an einem terroristischen Selbstmordkommando. Es macht ihnen nichts aus zu sterben, sie fühlen sich schon tot.«

Ich will es mir hier ersparen, von Alia zu sprechen, der Besitzerin des Marna House, in dem ich zu Beginn meines Aufenthalts gewohnt habe und deren Biographie eines Tages jemand aufschreiben sollte als Bild einer Stadt, deren Geschichte sich keines ihrer Kinder erbarmt. Nach und nach habe auch ich mich mit dem lichten Pessimismus ihrer Bewohner und dem angstvollen Gefühl von Beklemmung angesteckt.

Am nächsten Tag packe ich die Koffer und fahre mit Sami zurück nach Erez an die Grenze. Das Taxi mit israelischem Kennzeichen erwartet mich bereits, und diesmal stehe ich mit den Arbeitern aus der Enklave am Kontrollschalter an, wo man meinen Paß überprüfen und mir erlauben wird, halb hilflos, halb schmerzvoll, das schändliche und quälende Ghetto von Gaza zu verlassen.

IV

Friedensdividenden?

In Jerusalem steige ich in meinem alten Lieblingshotel ab, dem American Colony. Wie vor sechs Jahren sind die Bar und die Salons im Erdgeschoß – der Innenhof ist wegen der kalten Jahreszeit leider geschlossen – der obligate Treffpunkt für Journalisten, palästinensische Intellektuelle, Polittouristen oder Studienreisende und, das ist neu, jordanische Manager und Geschäftsleute – mehrheitlich in Jordanien lebende Palästinenser –, die nach Ost-Jerusalem gekommen sind, um die vom »Friedensprozeß« eröffneten Investitionsaussichten zu sondieren.

Das American Colony liegt nicht nur strategisch günstig auf halber Strecke zwischen dem Viertel der europäischen Konsulate und dem Weg, der in den ummauerten Bereich der Altstadt führt, es befindet sich auch nur knapp hundert Meter vom Orient House entfernt, jener palästinensischen Kultureinrichtung, die den Widerstandsgeist der Jerusalemiten gegen die Annexionspolitik der israelischen Behörden verkörpert. Von hier aus kann ich, nachdem ich an der Sankt-Georgs-Kirche und dem Albright-Institut vorbeigegangen bin, einen Bummel über die Salah Ed Din machen und mir die Läden, Geschäfte, Buchhandlungen, Kioske und Wechselstuben ansehen. Als ich auf den Boulevard stoße, der die Stadtmauer umrundet, muß ich nur rechter Hand durch das lärmende Gewimmel der fliegenden Händler und die chaotische Bushaltestelle hindurch, überquere die Fahrbahn und kann die Treppe hinabsteigen, die zum belebten Damaskustor führt.

Während der Intifada waren die Gassen innerhalb

der Mauern fast immer menschenleer, Tsahal-Soldaten patrouillierten mit ihren bedrohlichen Uzis und M-16. Touristen kamen höchst selten hierher, und die orthodoxen Juden aus den im Herzen des palästinensisch-christlichen Viertels errichteten Synagogen trugen in der Regel ebenfalls Waffen und eilten im Sturmschritt hindurch. Das Schauspiel, das sich dem Betrachter im Januar 1995 vom Tor aus bietet, ist sehr viel ansprechender und ermunternder. Die Terrassen der kleinen Cafés sind besetzt, die Verkäufer rufen ihre Ware aus, mitten auf dem Stufenhang ausgebreitet, einzelne Touristen oder Reisegruppen fotografieren den Ort, beschnuppern die Auslagen in den Basaren und feilschen um den Preis der Artikel. Für ein paar Sekunden fühle ich mich zu Hause: in der vertrauten Umgebung des Djamaa el-Fna.

Ich gehe die El Wad entlang und stoße alle Augenblicke auf Popen, armenische Mönche, Franziskanerpatres, Barmherzige Schwestern, Rabbiner, Koranschüler. Die fruchtbare Vielfalt der Kulturen scheint hier, am Sammelpunkt der drei großen monotheistischen Religionen, erneut aufzublühen. Mir fällt ein Basar mit spanischem Namen auf, »Ciudad Santa Recuerdos« (Heilige Stadt Souvenirs), an dessen Eingang der Wimpel eines geheimnisvollen »Kolumbianischen Bataillons« hängt; wahrscheinlich ist der Besitzer ein Palästinenser, der es in diesem Land zu Wohlstand gebracht hat. Tsahal-Soldaten schieben weiterhin Wache vor dem Haus, in dem sich Ariel Sharon niedergelassen hat, gekrönt von einem großen jüdischen Leuchter und geschmückt mit einer israelischen Flagge, die über die ganze Fassade herabhängt. Wurde sie früher regelmäßig mit Steinen beworfen, scheint sie heute niemand zu beachten. Ausländische Besucher mischen sich unter die Gläubigen, die zur El-Aqsa-Moschee gehen, um ihre Gebete zu sprechen.

Der Eindruck von Normalität täuscht, sagt mir Stunden später ein Universitätsprofessor aus Bir Zeit und Freund des großen palästinensischen Dichters Mahmud Darwish. Der Bürgermeister von Jerusalem, Ehud Olmert, ein führendes Mitglied des Betonflügels des Likud-Blocks, versucht mit allen Mitteln, das Orient House – Hauptquartier der PLO und verwandter Organisationen – und überhaupt alle palästinensischen Kultureinrichtungen zu schließen und nach Gaza oder Jericho zu verlegen; die Angestellten sind Pressionen und bürokratischen Schikanen ausgesetzt (Beschlagnahme von Dokumenten und Passierscheinen, Vorladungen zum militärischen Sicherheitsdienst, Vernehmungen et cetera). Die Israelis haben den Belagerungsring um die Altstadt ausgebaut und verstärkt; neue Viertel sind entstanden, durch Autobahnen miteinander verbunden, die den spärlichen Rest der gegnerischen »Bastionen« isolieren und ersticken; die arabischen Jerusalemiten brauchen eine Sondererlaubnis, wenn sie ein Haus bauen oder ihre Wohnungen modernisieren und vergrößern wollen; alle Grundstücke, auf die sie in einem Umkreis von zwanzig Kilometern Anspruch anmelden könnten, wurden per Verordnung enteignet. Wie der von Edward Said zitierte holländische Geograph Jan de Jong aufzeigt, schrauben sich die neuen israelischen Kolonien in Ringen um die Hauptstadt, deren letzter wohl einen Bogen schlagen wird von Bir Zeit im Norden bis in die Nähe Hebrons im Süden. Dieses Groß-Jerusalem, das bereits im Entstehen begriffen ist, würde sich dann über fast 25 % des besetzten Westjordanlandes erstrecken.

In einem in Israel zugelassenen Taxi mit palästinensischem Chauffeur beginne ich meine Reise in das Gebiet, das die Besatzungsmacht Samaria und Galiläa nennt. Die Straße, die nach Ramallah führt und über die ich vor Jahren so oft mit dem spanischen Fernsehteam gefahren bin, leidet unter den gleichen Staus wie die befahrensten Verkehrsadern der Hauptstadt. Auf halber Strecke hat der Tsahal eine imposante Kontrollstelle errichtet: ohne Sondergenehmigung können Fahrzeuge mit dem blauen Kennzeichen aus dem Westjordanland nicht in die Heilige Stadt gelangen. Also stellen die Palästinenser, die die Grüne Linie der ehemaligen Grenze von 1948 überqueren dürfen, um in Israel zu arbeiten, ihre Autos lieber auf einem nahen Parkplatz ab. Händler, alte Leute, Kranke mit ordnungsgemäßer ärztlicher Überweisung, Kinder, die auf Ost-Jerusalemer Schulen gehen usw. müssen in einer endlosen Schlange die Grenzformalitäten abwarten, bevor sie in die – mit israelischem Kennzeichen versehenen – übervollen Busse einsteigen, die den Transport nach Jerusalem bewältigen.

Wie Schwester Paula Teresa, die aus Ramallah stammende Leiterin der Kommission für Gerechtigkeit und Frieden, beklagt (*Le Monde Diplomatique*, März 1993), gehen die Kontrollen und Schikanen selbst noch in den Bussen weiter: »Nachdem man uns gestern mit

Müh und Not in den Bus gezwängt hatte, wurden wir hundert Meter weiter wieder angehalten: erneute Ausweiskontrolle. Wenn man einmal den eingeschüchterten Blick eines Mannes gesehen hat, dem ein Soldat damit droht, sein kostbares und unentbehrliches Dokument zu zerreißen, ehe er es konfisziert, dann begreift man, daß diese angestaute Wut, die bei so vielen Demütigungen in einem gärt, eines Tages vor den Augen jener explodieren wird, die sie provozieren. In einer solchen Situation kann der kleinste Funke einen Brand entfachen. Nachdem wir alle aus dem Bus aussteigen mußten, wurde von sechs Männern der Ausweis eingezogen, darunter vom Fahrer. Um sechs Uhr morgens waren wir in Ramallah aufgebrochen; als wir in Jerusalem ankamen, war es neun: drei Stunden für eine Entfernung von fünfzehn Kilometern!«

Auf der anderen Seite der »Grenze« – das große Paradox der Besetzung liegt darin, daß die Okkupanten nun, da sie den Radius ihrer Siedlungen auf den gesamten palästinensischen Raum ausgeweitet haben, gezwungen sind, die international anerkannten Grenzen von 1948 und 1967 aufrechtzuerhalten, wenn sie die Unsicherheit im eigentlichen Land Israel und in den 144 jüdischen Gründungen im Westjordanland mit ihren 140 000 Siedlern verringern wollen – ändert sich das Panorama vollkommen: das *mukhajam* oder Palästinenserlager von Kalandia, direkt neben der Fernstraße, ist verschwunden. Ohne die Einzäunung, ohne die mit leeren Öltonnen verbarrikadierten oder abgeriegelten Straßen und ohne die Wachposten ist es kaum zu lokalisieren. Die Straße nach Ramallah macht einen lebendi-

gen Eindruck mit ihren vielen Tankstellen, Minimärkten, Möbelgeschäften, Maklerbüros und Autovermietungen. Die zahlreichen Fernsehantennen haben seltsamerweise die Form von silbernen Eiffeltürmen. Die Kontrollen des Tsahal sind unauffällig, und kaum fahren wir in die Stadt hinein, scheinen sie sich in Luft aufgelöst zu haben.

Ramallah erlebte jahrelang den Alltag des Krieges: aufgrund eines unbefristeten Generalstreiks waren die Betriebe und Geschäfte geschlossen, und die Straßen, hoffnungslos leer, boten einen trostlosen, toten Anblick; israelische Jeeps patrouillierten von einem Ende zum anderen, und Wachposten zielten von den Dächern herab mit Maschinengewehren auf die spärlichen Passanten: Frauen, Kinder, alte Menschen ...

Heute kommt der Verkehr im Stadtzentrum durch die vielen Staus zum Erliegen, Parken ist praktisch unmöglich. Der ambulante Handel überflutet die Bürgersteige, und Jungen und Mädchen mit offenem Haar sehen sich die Auslagen der Geschäfte an, die zeigen, was die moderne Technologie zu bieten hat. Die Arab Bank, die Bank von Jordanien und die Kairo-Amman-Bank haben ihre neuen Filialen eröffnet, und das Kapital aus dem Haschemitenreich zirkuliert und wird investiert, unter den wohlwollenden Augen der Besatzer. Zahlreiche Palästinenser jordanischer Nationalität haben Wohnhäuser und Unternehmen erworben oder bauen, davon überzeugt, daß Ramallah früher oder später die Hauptstadt des kleinen palästinensischen oder palästinensisch-jordanischen, von Israel tolerierten oder geförderten Gemeinwesens wird.

Während Arafat sein ehrgeiziges Vorhaben aufgeben mußte, eine palästinensische Bank zu gründen, die eine eigene Währung ausgeben und nur vorübergehend den israelischen Schekel in den Enklaven von Gaza und Jericho zulassen sollte, drängt der jordanische Dinar nach den Friedensvereinbarungen zwischen König Hussein und Rabin mit Macht ins Westjordanland. Die jordanische Strategie, in das ehemals eigene Staatsgebiet einzudringen, ergänzt die noch ehrgeizigere Israels: die Schaffung eines Gemeinsamen Marktes im Nahen Osten, dessen Seele und Motor Tel Aviv sein wird, bedingungslos unterstützt von den Vereinigten Staaten. Nach Oslo und der Erklärung von Washington kann niemand mehr König Hussein beschuldigen, sich der »arabischen Solidarität« zu verweigern oder »die heilige palästinensische Sache zu verraten«: Arafat hat das Beispiel gegeben. So kann das Haschemitenreich seine Fußsoldaten der Wirtschaft reinen Gewissens auf die andere Seite des Jordans schicken, während Rabin Gaza stranguliert und der PNA eine unhaltbare Situation aufzwingt. Die Option Gaza-Jerichow erscheint, verglichen mit einer Entwicklung, die zu einer zukünftigen, mehr oder weniger mit Jordanien verknüpften politischen Freiheit führen kann, von Tag zu Tag undurchführbarer und unattraktiver. Eine Umfrage des Institut für Palästina-Forschungen in Naplusa (Nablus) zeigt, daß 46 % der Einwohner im besetzten Westjordanland eine Vereinigung oder Konföderation mit dem Haschemitenreich befürworten, während 52 % an einem palästinensischen Staat festhalten. In Ost-Jerusalem steigt der Prozentsatz ersterer auf 58 %. Unter dem

Eindruck all der Schwierigkeiten, Hindernisse und Erniedrigungen im Alltag – die Hoffnung auf eine Rückkehr zu den Grenzen von 1948 haben sie längst aufgegeben – haben 10000 Palästinenser aus der Hauptstadt, schreibt die *Jerusalem Post*, die israelische Staatsbürgerschaft beantragt. Der Jubel, mit dem der Likud-Bürgermeister die Nachricht verbreitete, wird aber nicht von Dauer sein: Die wachsende Zahl israelischer Araber ist ein zweischneidiges Schwert und wird mittelfristig für Israel eine neue Herausforderung bedeuten und das Land vor unlösbare Probleme stellen.

Ramallah ist jedenfalls das beste Beispiel für das Ineinandergreifen israelisch-palästinensisch-jordanischer Projekte und für den Machiavellismus oder die politische Verblendung Rabins: ein relativ prosperierendes Eiland, umzingelt von Siedlungen als Ergebnis eines kolonialen Irredentismus, der im absoluten Widerspruch steht zu den Zielen des sogenannten »Friedensprozesses«.

Die Normalisierung des Lebens in Ramallah verflüchtigt sich hinter der Kreuzung nach Jalazun, wo wir vor Jahren einen spektakulären Angriff Steine schleudernder Schüler gegen die Fahrzeuge des Tsahal mit ansahen. Wenige Kilometer weiter, als es ins Tal hinuntergeht, verwehrt uns eine israelische Straßensperre die Weiterfahrt: die Straße nach Naplusa ist für den Verkehr gesperrt. Wir müssen einen weiten, gebirgigen Umweg machen, über eine Strecke, die nahe an Bir Zeit vorbeiführt. Erneut durchqueren wir eine mediterrane Landschaft mit Olivenhainen, abgestuften Hängen und Terrassenbeeten, Lehmmäuerchen, Zisternen, Feigenkakteen. Auf dem Kamm der umliegenden Berge schnüren die ideologisch motivierten Bauten von Siedlern, die größtenteils aus Amerika stammen, die Landschaft mit ihren Bunkern, Stacheldrahtzäunen und Wachtürmen ein; die strategischen Absichten sind unverkennbar. Der Tsahal planiert das eh schon gepeinigte Gelände, bricht Schönheit und Harmonie, knüpft die Verflechtungen immer enger, bis die Ortschaften und Dörfchen in einem wahren Spinnennetz gefangen sind. Etwas mehr als ein Jahr nach den Vereinbarungen von Oslo hat Israel mehr als 700 Quadratkilometer palästinensisches Land beschlagnahmt, hat 15 000 Obstbäume ausgerissen, um die Siedlungen auszubauen, und kontrolliert 73 % der 5700 Quadratkilometer der 1967 besetzten West Bank. Obendrein hat sich die Regierung noch 80 % der Wasserreserven für eigene Zwecke gesichert. Und das alles soll keine Verletzung der Übereinkommen von Madrid sein? Schließlich hatte Washington einen Kredit von zehn Milliarden Dollar an die Bedingung geknüpft, daß Israel seine Besiedlung in Gaza und im Westjordanland »einfriert«. Dies scheint jene aber nicht sonderlich zu bekümmern, die dort das Sagen haben. Sie sind die Gewinner, und sie halten sich nicht auf mit Skrupeln, was die Verlierer betrifft.

Nach dem Ausflug durch die Berge stoßen wir wieder auf die Straße nach Naplusa. Den Umweg, so finden wir später heraus, haben wir einer Demonstration von Siedlern zu verdanken, die sich genau dort niederlassen wollen, wo der Israeli Ofra Felix am Freitag, dem 6. Januar, ermordet wurde. »Wo immer jüdisches Blut fließt, werden wir eine Siedlung gründen« heißt es auf einem Schild. Obwohl die Militärbehörden die Initiative nicht genehmigt haben – der Ort ist eventuellen Angriffen schutzlos ausgeliefert –, halten kaum hundert Meter von der Straßensperre entfernt Demonstranten mit mehreren Zelten ständig Wache.

Im Juni 1988 belagerte der Tsahal zwei Wochen lang das Dorf Beit Furik; der Bevölkerung wurde vorgeworfen, sie verweigere die geforderten Steuerzahlungen und bringe Terroristen hervor: jener Attentäter stamme von dort, der den Bürgermeister von Naplusa ermordet habe, welcher seinerseits beschuldigt worden war, mit den Besatzern kollaboriert zu haben. Am 17. überfiel die Armee nachts den Ort mit Geländewagen, Lastwagen und Helikoptern. Die Expedition endete mit einer großen Zahl von Verletzten und mit dem Tod des jungen Hussein Ahmed Mleitat, getroffen von einem Schuß, der offenbar von hinten auf ihn abgegeben worden war. Mit dem spanischen Fernsehteam filmten wir das Grabmal zu Füßen der Moschee, mit seinem Foto und den palästinensischen Flaggen, bevor wir der Familie unser Beileid aussprachen, die recht komfortabel oben im Ort wohnte. Ich sage dem Fahrer, er solle die Straße zu dem Dorf nehmen; sie ist verwahrlost und voller Schlaglöcher, genau wie in jenen palästinensischen Landstrichen, die durch das ultramoderne Straßennetz, das die Pole der Besiedlung und die um sie herum gegründeten Satellitenkolonien miteinander verknüpft, isoliert werden. Nachdem wir die Müllkippen passiert haben – die Israelis laden ihre Abfälle in den zukünftigen autonomen palästinensischen Zonen ab –, durchqueren wir weite bebaute Felder und Obstplantagen, ehe wir in den Ort hineinfahren, an den ich mich trotz der Jahre, die ins Land gezogen sind, noch klar erinnere. Doch an der Stelle des Platzes, auf dem wir damals die Protestdemonstration gefilmt haben, befinden sich heute zwei gerade erst fertiggestellte Gebäude, an der Moschee wird gearbeitet, und kleine geöffnete Geschäfte und parkende Autos zeigen, daß das Leben wieder in normalere Bahnen zurückgekehrt ist und die Menschen Atem schöpfen. Ich frage nach der Familie des Erschossenen; ein kleiner Junge sagt mir, der Vater sei auf dem Feld, und rennt los, um ihm Bescheid zu sagen. Ich warte an der Stelle, wo er gefallen ist, und Minuten später kommt Hussein Ahmed Auda, in grauer Jacke und Djellaba und mit der traditionellen schwarzweißen Kafia auf dem Kopf. Auch er erkennt mich auf Anhieb, und wir umarmen uns bewegt. Das Leben geht weiter, sagt er. Im Dorf seien noch sechs junge Männer gestorben; alles in allem sei die Situation jetzt ruhig, die Leute gingen ihrer Arbeit nach, und der Tsahal lasse sie in Frieden. Er bietet mir und dem Taxifahrer einen Tee an und will uns zum Mittagessen einladen. Ich sage ihm, daß ich meinen Weg nach Naplusa fortsetzen muß, verspreche aber, ihm eine Videoaufnahme von damals zu schicken, und wir verabschieden uns und wünschen einander Glück.

Die Fernstraße führt uns geradewegs ins Zentrum der Stadt. Wie in Ramallah herrschen in den Straßen rege Betriebsamkeit und starker Verkehr. Erneut überdeckt der Eindruck von Normalität die verborgenen Spannungen. Die verwinkelten Gäßchen des Basars erinnern an Fes oder Marrakesch: Durchdringung von öffentlichem und privatem Raum, fühlbare Nähe von Menschen und Dingen. Den Gesichtern scheint die eigene Geschichte eingeprägt: die Härte der gelebten Jahre.

Als wir zu dem Platz, an dem wir geparkt haben, zurückkommen, verfliegt die Illusion mit einem Schlag. Wir hören Schreie und das Heulen der Polizeisirenen. Ein Junge hat mit einem Stein nach einem israelischen Soldaten geworfen, und eine Gruppe von Soldaten fällt über einen anderen Jungen her, der mit dem Geschehen nichts zu tun hat, wirft ihn zu Boden, traktiert ihn mit Fußtritten und schleift ihn zum Jeep, wo er in Handschellen und auf dem Bauch liegend auf das Eintreffen der Verstärkung wartet. Die Leute sehen sich das Schauspiel aus sicherer Entfernung an, nur ein kahlköpfiges Männlein geht zu den Soldaten hin, versucht mit ihnen zu reden und wird weggestoßen. Eine Minute später stehen ein Halbdutzend Jeeps dort: ihre Besatzungen schwärmen mit Maschinengewehren aus und treiben die Schaulustigen zurück. Als sie schließlich mit ihrer Beute davonfahren, gehe ich zu dem Herrn mit Glatze und spreche ihn an, worauf mir jemand auf englisch erklärt, daß er der Vater des Jungen ist. Ich kann dessen Unschuld bezeugen und halte es schriftlich fest, mit Namen und Anschrift. Die Familie – mittlerweile sind Mutter und Schwester des Verhafteten eingetroffen – bittet mich, in der kleinen Garnison eine Aussage zu machen. Mit meinem englischen Behelfsdolmetscher – aus Erfahrung habe ich gelernt, mir mein Arabisch zu verkneifen – gehen wir an das Gittertor, diskutieren mit der Wache, und nachdem wir eine Weile gewartet haben, führt er uns über einen Gang mit Metalldetektor in einen Hof, in dem sich die Amtsstuben der Polizei befinden. Dort lege ich den Grund für meinen Besuch dar, und ein junger Dunkelhäutiger, offensichtlich Jude aus einem arabischen Land, weist mich auf hebräisch ganz heftig zurecht. Seine Stirn blutet leicht: er war es, der von dem Stein getroffen wurde. Ich will ihm auf englisch antworten, doch sein Kollege rät mir davon ab: »Er sagt, wenn du nicht hebräisch sprichst, hat deine Zeugenaussage überhaupt keinen Wert.« Aus seinem Gesicht spricht purer Haß, und plötzlich bemerke ich eine Ähnlichkeit mit dem Gesicht des Fahrers der palästinensischen Polizisten, die mich in Gaza »gefangengenommen« hatten: man könnte meinen, sie seien Zwillinge! Wie kann es einen so tiefen Graben von Unverständnis und Abneigung geben zwischen zwei jungen Männern, die fast völlig gleich aussehen? Die Symmetrie der beiden Situationen macht mich ergriffen: nichts bringt den innersten, tiefsitzenden Groll in diesem Bruderzwist besser auf den Punkt.

Wer durch die besetzten Gebiete Palästinas streift, bewegt sich in einem Universum der Zeichen: in dieser destabilisierenden Mischung aus »Normalität und Befremdlichkeit, Einordnung und Distanzierung«, von der Camille Mansour in einem kurzen Essay in der *Revue d'études Palestiniennes* sprach. Die Kleidung, der Akzent, das Nummernschild sind Zeichen, die jene, die in einer Grenzsituation leben, zwingen, sich mit dem einen oder anderen Lager zu identifizieren

oder sich von einem abzusetzen. Da unser gelbes Nummernschild dem Fahrzeug eine israelische Identität zuweist, ist mein palästinensischer Fahrer sehr darauf bedacht, daß das arabische Reklameschild des Ost-Jerusalemer Taxiunternehmens gut sichtbar ist, sobald wir durch palästinensische Städte oder Dörfer kommen, auch wenn nicht mehr wie früher die Gefahr besteht, daß er mit Steinen beworfen wird. Und aus demselben Grund nimmt er das Schild wieder weg, wenn wir uns einem israelischen Kontrollposten nähern. Mein marokkanisches Arabisch kann zu einer Verwechslung mit einem jüdischen Emigranten aus diesem Land führen, also werde ich mich hüten, es zu benutzen, wenn ich mit unbekannten Palästinensern spreche, um erst gar kein Mißtrauen zu wecken. Bei Freunden dagegen erleichtert mir derselbe Dialekt das Betreten eines gemeinsamen affektiven Terrains und hebt Distanzen auf. Einem Fremden mit Sonnenbrille und Fotoapparat wird der Zugang zum *Haram El Charif* zur Stunde des Gebets verwehrt sein; ohne Brille und Fotoapparat und mit einem gut sichtbaren Exemplar der Tageszeitung *Al Qods* und einem *tesbih* (islamischen Rosenkranz) in der Hand kann er ungehindert eintreten.

Das Erlernen dieser Semiologie erweist sich am Ende als verwirrend. Welchen Status hat der Grenzbewohner nun? Person oder Zeichen?

V

Ein Labyrinth aus Inseln

Auf der Fahrt nach Süden, in Richtung Hebron, trifft der Betrachter des palästinensischen Dramas auf vieles Altbekannte, aber auch auf Neues, was zu noch größerer Besorgnis Anlaß gibt.

Auf dem Sträßchen, das uns durch die Olivenhaine von Gethsemane führt, erreichen wir die Fernstraße, die später dann, hinter Hebron, wie ein Messer die Negev-Wüste durchschneidet. Die alten, oft sehr romantischen Villen des Ost-Jerusalemer palästinensischen Bürgertums sind von israelischen Familien besetzt worden; das Viertel ist ethnisch homogen, ganz in Übereinstimmung mit den Annexionsplänen des Likud, die Bürgermeister Ehud Olmert sorgfältig ausgeführt hat. Wenige Kilometer weiter, am Grenzkontrollpunkt von Groß-Jerusalem, werden die Autos mit jordanischem Kennzeichen abgefertigt sowie jene Palästinenser, die mit einer Erlaubnis zur Arbeit fahren oder die Heilige Stadt besuchen. Zwischen stillen und resignierten Warteschlangen und Parkplätzen voller Fahrzeuge mit blauem Nummernschild schlüpft unser Taxi ohne Probleme hindurch. Weder in Israel noch in den besetzten Gebieten wird uns jemand nach dem Ausweis fragen. Die allgegenwärtige Zeichensprache begünstigt uns. Was würde passieren, frage ich mich, wenn meine Haut dunkler wäre und ich einen Bart trüge?

Hinter dem überwiegend von palästinensischen Christen bewohnten Bethlehem fällt mir linker Hand ein Viertel auf, das ganz von Metallzäunen umgeben ist, und die Zugänge zur Straße sind mit leeren Tonnen blockiert, genau wie zu Zeiten der Intifada. Ich halte

an, um den Grund dafür herauszufinden, und komme ohne Schwierigkeiten über einen Seiteneingang hinein: keine israelische Polizei oder Bewachung weit und breit. Die Gegend, erzählt man mir, ist bestraft worden: ein paar Jungs hatten vom Hang aus immer wieder die Wagen mit Steinen beworfen, die auf der Straße patrouillierten. Wenn man nun mit dem Auto in das Viertel fahren will, muß man einen Umweg um den ganzen Hügel herum machen. Der Junge, der mich führt, erzählt mir, eines Nachts sei er von einem Kommando verprügelt worden, das bei ihm zu Hause eingedrungen war und seine Eltern bedrohte.

Erneut kommen wir durch Landschaften wie bei Alicante, die Terrassenbeete sorgfältig abgestuft, wie Höhenlinien oder geologische Schichten auf einer Landkarte mit ihren verschiedenen Ockertönen. In Al Khader sind die Geschäfte geschlossen, und mehrere Jeeps des Tsahal bewachen die Kreuzung. Die Bewohner der benachbarten Siedlung Efrat haben neues Land besetzt und die Bäume ausgerissen: im staatlichen Fernsehen habe ich Bilder von heftigen Wortgefechten gesehen, unter den wachsamen Augen der Soldaten, die sich zwischen die Streitparteien stellen.

Die Siedlungen, die bereits errichtet wurden oder sich im Bau befinden, reihen sich seitlich der Straße aneinander: Häuschen in Fertigbauweise mit roten Dächern, Wohnwagen für die provisorische Unterbringung der Emigranten aus Rußland und Nordamerika, Wachtürme, Gitter und Drahtzäune: Neveh Daniel, Elazar, Efrat, Rosh Tzurim, Alon Schvut, Kafar Etzion.

Sieht man sich die Landschaft des Westjordanlands aufmerksam an, erkennt man die Struktur eines unglaublichen Patchworks. Stacheldrahtzäune ziehen sich sowohl um die Siedlungen als auch um Militärposten und bestrafte Zonen. Sie schützen und schließen aus, verbinden getrennte Areale und trennen benachbarte, knüpfen ein Labyrinth aus Inseln, die sich gegenseitig abstoßen oder anziehen. An einigen Orten ist es nur schwer auszumachen, was sie bergen oder verwehren, was innen ist und was außen. Ein komplexes Verkehrssystem mit haarfeinen Verästelungen offenbart den Willen der Besatzungsmacht, das Gebiet in Teile, Fragmente, Bruchstücke aufzusplittern, die bei aller gegenseitigen Abschottung ineinanderzugreifen scheinen.

Ich schreibe diese Zeilen, als die Presse den terroristischen Bombenanschlag von Netanya meldet, bei dem neunzehn Israelis ums Leben gekommen sind. Die Bestürzung, die das Massaker ausgelöst hat, radikalisiert die Konfrontation zwischen den beiden Völkern noch mehr. Als Yitzhak Rabin erklärt, die einzige Möglichkeit, mit den Terrorkommandos aufzuräumen, die sich mit ihren Opfern in die Luft sprengen, bestehe »in einer völligen Trennung zwischen Israel und den [besetzten] Gebieten«, sagt er etwas sehr Wahres. Palästinenser und Israelis müssen sich trennen, wenn sie in Zukunft zusammenleben und sich das ehemalige britische Mandatsgebiet mit seinen natürlichen Ressourcen gerecht teilen wollen. Aber wie läßt sich diese Trennung verwirklichen, wenn weiterhin neue Siedlungen in Gaza und im Westjordanland gegründet werden und die Reibungspunkte und Anlässe für Zusammenstöße sich vervielfachen? Wie läßt sich die Sicherheit der Israelis garantieren in diesem Gespinst von Straßen, die durch die Gebiete des Gegners führen? Muß man alle hundert Meter eine Wache aufstellen? Und wie läßt sich verhindern, daß jemand von einem benachbarten Hügel herab auf sie schießt?

Daß Arafat sich entschuldigt, wann immer ein Terroranschlag verübt wird, ist die logische Konsequenz des sogenannten »Friedensprozesses«. Doch diese Sorge um die Sicherheit der Israelis, die er bei seinen Treffen mit Rabin und Peres immer wieder zum Ausdruck bringt, sollte einhergehen mit einer ebensolchen, in aller Öffentlichkeit erklärten Sorge um das Leben, die Arbeit und Würde der Palästinenser. Die israelischen Unterhändler werden niemals von allein darauf zu sprechen kommen; von einer Position der Stärke aus fordern sie Garantien, die allein im Falle der Wechselseitigkeit überhaupt wirksam sein könnten. Solange Israel seine extreme Siedlungspolitik nicht zur Disposition stellt und der »Friedensprozeß« nur eine Besetzung mit anderen Mitteln bedeutet, werden Feindseligkeit und Haß, die in weiten Teilen beider Völker vorherrschen, noch zunehmen.

Bei unserer Ankunft in Hebron fühle ich mich plötzlich in die gespannte Atmosphäre der Jahre der Intifada zurückversetzt. Sämtliche Betriebe, Läden und Kaufhäuser sind geschlossen, man folgt den Streikparolen gegen die Provokationen der extremistischen Siedler, die sich im Stadtzentrum verschanzt haben. Nur die Apotheken und der Obst- und Gemüsemarkt haben geöffnet. Ich gehe zu Fuß einen Hang hinauf, von dem aus der Häuserblock zu überblicken ist, den die Eindringlinge *manu militari* besetzt und enteignet haben, auf die Entfernung erkennbar an der Präsenz von Soldaten mit Maschinengewehren auf Dächern und Terrassen. In unmittelbarer Nähe der Patriarchengräber sind die Basare verschlossen und die Straßeneinmündungen mit Kanistern blockiert. Nach einem kurzen Gespräch mit dem Fahrer lassen die israelischen Posten das Taxi hindurch.

Die große Moschee, in der sich die Grabstätten des von Juden, Christen und Moslems zugleich verehrten Propheten befinden, ist ein imposantes Gebäude aus ockerfarbenem Stein, mit Zinnen und Kuppeln, und erinnert mich an einige spanische Kirchen und Kathedralen. In dem hybriden Charakter seiner Architektur spiegelt sich gleichermaßen das Jahrhunderte währende Zusammenleben von Gläubigen der drei Religionen des Buches. Das Minarett ist quadratisch, mit einer Art Ausguck für den Muezzin und einer kleinen Kuppel mit dem *djamur* (drei goldene Kugeln und der Halbmond).

Seit dem Massaker vom 25. Februar 1994 ist der Zugang zu den Grabstätten durch ein kompliziertes Trennverfahren geregelt: die Moschee ist in zwei hermetisch voneinander abgeriegelte Hälften geteilt. Die frommen Juden treten über die Haupttreppe ein und müssen ihre Waffen abgeben, bevor sie den vom Tsahal kontrollierten Metalldetektor passieren. Ich schmuggle mich mit einer nordamerikanischen Gruppe von Aschkenasim hinein und betrachte mit ihnen das Mausoleum des Propheten Abraham oder Ibrahim mit seinem

Grabmal, über das eine grüne, mit Koranversen bestickte Leinendecke gebreitet ist. Der jüdische Besucher kann durch eine verriegelte Gittertür ins Innere spähen. Ein Stück weiter, im Hof der Moschee, haben die Israelis eine kleine Synagoge errichtet, in der die Schüler ihre Gebete sprechen. In einem anderen Raum psalmodieren Frauen, auf zwei Bankreihen sitzend, ihr Gebet vor einer weiteren vergitterten Tür: sie führt zum Grabmal Saras. Nachdem ich ein Foto von dem kleinen Brunnen für die Waschungen gemacht habe, dessen grüne Kuppel und Halbmond Spuren des Vandalismus eines Fanatikers aufweisen, begebe ich mich auf den Rückweg, steige die Treppe hinunter und biege an der Kontrolle des Tsahal um die Ecke, wo ich den seitlichen, den Moslems vorbehaltenen Hang hinaufsteige. Ein israelischer Soldat bewacht den Eingang neben dem Detektor, und ich mische mich unter die Gläubigen, an derselben Stelle der Moschee, an der Baruch Goldstein, wahrscheinlich mit dem Wissen einiger Soldaten oder Offiziere des Tsahal, sein Maschinengewehr auf die beim Gebet versammelte Gemeinschaft leerschoß und dabei neunundzwanzig Menschen tötete, bevor er selbst gelyncht wurde. In Begleitung eines Führers betrachte ich den *mihrab* (Gebetsnische) mit seinen kleinen Marmorsäulen, den *mimbar* (Kanzel) aus Zedernholz, die grün gestrichenen Wände, die Sockel aus edlem Gestein mit weißen, schwarzen und ockerfarbenen Streifen. Das Grabmal des Propheten läßt sich durch eine weitere vergitterte Tür einsehen, ähnlich wie auf der jüdischen Seite des Tempels. Die Verehrer des *nabi* Ibrahim und seiner

Frau richten also ihre Gebete an diese, ohne zu ahnen, daß sich nur wenige Meter entfernt Gläubige der anderen Gemeinschaft befinden. Unmittelbarkeit und Ausschluß, das *Unsere* und das *Ihre*: mehr als irgendwo sonst steht es für Starrsinn und Erbitterung der Israelis und Palästinenser, für die schwierige, um nicht zu sagen unmögliche Aufteilung eines gemeinsamen kulturellen und religiösen Erbes. Mein Status eines Grenzgängers, der seine Neugier auf beiden Seiten stillen kann, erlaubt mir, den ursprünglichen Grundriß der Moschee und seine derzeitige Aufteilung zu rekonstruieren. Wie kann man diese tägliche Schizophrenie ohne Schaden überstehen?

Die westlichen Print- und sonstigen Massenmedien verfolgen mit großer Aufmerksamkeit und berechtigter Sorge das Erstarken des islamischen Fundamentalismus von den Maghrebstaaten bis nach Indonesien, doch nur sehr beiläufig nehmen sie Notiz von Fundamentalismen, die nicht weniger lebendig und beunruhigend sind: von dem jüdischen, dem hinduistischen und dem der serbischen und griechischen orthodoxen Kirche. Baruch Goldsteins Verbrechen war nicht das Werk eines »Wirrkopfs«, wie ein Gericht schlußfolgerte, als es das Massaker untersuchte. Es ist das Ergebnis einer ideologischen Strömung des radikalen, aus Nordamerika herübergekommenen Zionismus, durchdrungen zugleich vom Messianismus der Nachfahren der Pilgrim Fathers und vom Klima der Gewalt in der »ghettoisierten« Gesellschaft der großen nordamerikanischen Städte von heute. In einem luziden Essay zu diesem Thema (»Ein Moses aus dritter Hand«, *El País*,

3.11.91) untersucht Rafael Sánchez Ferlosio die via Amerika verlaufenen Umschmelzungen der Kolonisierungsmystik der protestantischen Gemeinschaft – für die die Indianer »bestenfalls vollkommen überflüssige Leute, schlimmstenfalls ungelegene und eigensinnige Gespenster waren, die man verscheuchen, vertreiben und zerstreuen mußte« –, einer Ideologie, die sich schließlich auch bei den nordamerikanischen Siedlern wiederfindet, welche sich im Westjordanland niederlassen. Extremistische Gruppen wie die des berühmten Rabbiners Kahane bestimmen in zahlreichen Siedlungen die Regeln; sie sind durchdrungen von der Vorstellung, die göttliche Verheißung, der Lauf der Geschichte und die derzeitigen Kräfteverhältnisse würden Israel begünstigen. Daß die Palästinenser eingesperrt leben, befremdet oder schockiert sie keineswegs, die Nachbarschaft von Ghettos und die Konfrontation mit ihren Bewohnern kennen sie aus weiten Gegenden in Washington, Chicago und New York. Ihre theokratischen Überzeugungen weisen eine erstaunliche Symmetrie auf, vergleicht man sie mit jenen der Hamas-Mitglieder oder der Kampfgenossen des Islamischen Dschihad. Das Foto des »Helden« Baruch Goldstein hängt im besetzten Gebiet in vielen Siedlungen und das Porträt des *shahid* (Märtyrers) Ayman Rahdi in den Flüchtlingslagern von Gaza. Ein dauerhafter und gerechter Frieden wird niemals möglich sein, es sein denn, wider die tödliche Verbindung dieser beiden entgegengesetzten Extremismen.

Nach dem Anschlag in der Moschee lebt Hebron in einem permanenten Klima der Konfrontation. Die Provokationen der Ultra-Orthodoxen, die sich im Stadtzentrum eingerichtet haben, werden immer zahlreicher, und in der Folge kommt es zu Zusammenstößen zwischen Bevölkerung und Armee: Am vergangenen 16. Mai war die Bilanz ein Toter und neunzehn Verletzte. Zwei Tage später wurden zwei Siedler von Hamas-Kämpfern ermordet, ein weiterer wurde schwer verletzt. Trotz der Präsenz internationaler Beobachter hat sich die Lage weiter verschlimmert: gewalttätige Demonstrationen, Ausgangssperre, Generalstreik, Rückkehr zu einem Leben, wie man es aus der Zeit der Intifada kennt. Am Tag meines Besuchs kommt es zwar zu keinem schweren Zwischenfall – ich sehe lediglich die Verhaftung und Durchsuchung mehrerer Jugendlicher –, doch die Spannung ist fühlbar. Der Tsahal übermalt die anti-israelischen Graffiti an den Metallrollos von Läden und Geschäften, aber gleich darauf tauchen sie wieder auf. Hebron lädt heute nicht zur Betrachtung seiner Denkmäler und Landschaften ein, und wir machen uns auf den Rückweg nach Jerusalem.

Auf der Hinfahrt hatte mich eine Armeekontrolle an der Abzweigung zur palästinensischen Ortschaft Beit Omar davon überzeugt, daß dort etwas vor sich gehen mußte. Auf dem Rückweg ist die Straßensperre aufgehoben, doch ich entschließe mich, einen Abstecher in das Dorf zu machen. Vergeblich suchen wir nach einem Café, wo wir einen Tee trinken können. Auf dem Dorfplatz nähern sich zahlreiche Müßiggänger neugierig dem Taxi und fragen den Fahrer, wer ich bin. Ein etwa dreißigjähriger, schlanker Mann lädt uns herzlich zu sich nach Hause ein. Mit dem Auto seines etwas jünge-

ren Freundes – er trägt Jeans, eine weite grüne Jacke, das schwarzweiße Tuch um den Hals geschlungen und einen akkuraten Bart – begeben wir uns dorthin. Auf meine Frage, was geschehen sei, antworten sie, am Tag zuvor, dem 8. Januar, sei der Shin Beth (israelischer Geheimdienst) ins Dorf gekommen und habe, ohne jeden Grund, die Straße zwischen Moschee und Postamt abgeriegelt. »Ich weiß nicht, ob sie Streit wollten oder uns nur einschüchtern«, sagt der Hausherr. »Jedenfalls haben sie befohlen, den Bürgersteig zu räumen, und zwei Jungen, die nicht spurten, wurden von Gummigeschossen verletzt. Ein Achtjähriger namens Seri Hassan Awab wurde am Bein getroffen und liegt in Hebron im Krankenhaus. Fewsi Feisal, ein Zwanzigjähriger, wollte ihm zu Hilfe kommen und wurde am Kopf getroffen. Er ist auch ins Krankenhaus eingeliefert worden, und wir wissen immer noch nicht, was diese Leute hier wollten und warum sie uns so brutal überfallen haben. Gestern habe ich mit der Redaktion von *An Nahar* telefoniert und ihnen den Vorfall geschildert, aber sie haben es nicht veröffentlicht.«

Während wir uns im Garten unterhalten, erklärt mir der bärtige junge Mann in Jeans, daß es trotz der Friedensvereinbarungen relativ häufig zu diesen »präventiv« genannten Überfällen kommt. Er und sein Freund waren während der Intifada im Gefängnis, und sie erhalten keine Erlaubnis, nach Jerusalem zu fahren. Jetzt leben sie von der Landwirtschaft und sagen, sie könnten sich nicht beklagen: anderen ginge es viel schlechter.

Die täglichen Zusammenstöße zwischen Bewohnern

von Al Khader und Siedlern aus Efraz halten an. Die Palästinenser, unterstützt von Mitgliedern der israelischen Bewegung Frieden Jetzt, wollen einen Protestmarsch organisieren, doch ein Tsahal-Offizier bringt sie davon ab. Mehrere Redner, Palästinenser und Israelis, sprechen über Megaphon zu den etwa hundert Demonstranten. Ein paar ausländische Radio- und Fernsehteams nehmen auf und drehen. Ich unterhalte mich eine Weile mit dem Korrespondenten von *Antenne 3* und einer jungen Israelin, die die Protestcamps und sonstigen Unterstützungsaktionen für die von Enteignung bedrohten Bauern koordiniert. »Rabin verfolgt die Politik des Likud, die Palästinenser auszuplündern und zu demütigen«, sagt sie mir voll Bitterkeit. »Wie kann man von Frieden sprechen, wenn die Besetzung weitergeht und sich ausdehnt? Diese Politik ist auf lange Sicht selbstmörderisch. Bei soviel Unrecht braucht man sich nicht zu wundern, wenn die Palästinenser Rache nehmen und ihre Kamikaze in unsere Städte schicken.«

Zwei Wochen nachdem sie mir dies gesagt hat, gibt ihr das Blutbad von Netanya auf tragische Weise recht.

VI

Traum und Alptraum

Kann man von Frieden sprechen, wenn seit der feierlichen Erklärung von Washington am 13. September 1993 mehr als zweihundert Palästinenser vom Tsahal oder den Siedlern getötet wurden, wenn bei Bestrafungsaktionen mehr als hundert Häuser mit Panzerabwehrwaffen zerstört wurden und 15 000 Bäume ausgerissen, um dort neue Siedlungen zu gründen, wenn darüber hinaus Dutzende Israelis, Soldaten und Zivilisten Opfer von Selbstmordkommandos wurden wie in Tel Aviv und Netanya?

Die öffentliche Meinung auf beiden Seiten stellt sich dieselbe Frage, und von Tag zu Tag gibt es weniger Israelis und Palästinenser, die dazu neigen, sie mit ja zu beantworten. Die Szenen der Staatstrauer nach dem Bombenanschlag von Netanya und der kaum verhohlene Jubel der jungen Leute in Gaza, die sich vor den Häusern der beiden Attentäter versammelten, zeigt die tiefe Kluft zwischen den beiden Völkern – dem besetzenden und dem besetzten –, eine Kluft, die sich nicht schließt, sondern immer weiter auftut. Angesichts der Selbstherrlichkeit und Blindheit Israels und der Schwäche und Hilflosigkeit Arafats erleben wir den Triumph des Kainstums: schrankenlosen Haß.

Die reservierte oder offen feindselige Haltung der palästinensischen Intellektuellen zum »Friedensprozeß« hat an ablehnender Deutlichkeit zugenommen, seit man von dem in Madrid beschrittenen Weg abkam und sich auf Konzessionen ohne jede Gegenleistung einließ, die auf fatale Weise in die Abkommen von Oslo und Kairo mündeten. Die Unterzeichnung in Oslo hatte eine interne Krise in Arafats eigener Organisation zur Folge: Faruk Kadumi, »Außenminister« der PLO in Tunis, boykottierte zusammen mit Abu Mazen – der das Abkommen allerdings unterzeichnet hatte – die Sitzung des Exekutivrats der PLO. Nach und nach stiegen unabhängige Unterhändler wie Hanan Achraui, Haidar Abdel Chafi und andere aus, sie waren – zu Recht – der Meinung, ein echter Frieden erfordere ein Minimum an Parität und Ausgewogenheit. Der Rücktritt des Dichters Mahmud Darwish von seinem Amt im Palästinensischen Autonomierat und die scharfe Kritik Edward W. Saids (Exmitglied desselben) an der »Kapitulation« und den »autokratischen Methoden« Arafats machen deutlich, wie sehr dieser sich immer mehr abkoppelt, nicht nur von der Masse der an den Rand gedrängten Jugendlichen in Gaza, welche die Hamas längst für ihre Sache gewonnen hat, sondern auch, und das ist noch schlimmer für ihn, von der palästinensischen Elite im Innern und in der Diaspora. Die Unterzeichner eines Memorandums, an der Spitze Haidar Abdel Chafi, beschuldigten Arafat, er habe die Resolutionen 242 und 338 des Sicherheitsrats der UNO, auf die sich der »Friedensprozeß« anfangs gründete, leichtfertig aufgegeben, und sie kamen zu dem Schluß, das Abdriften der Verhandlungsführer Arafats in Oslo und Kairo besiegele »die rechtswidrigen Akte wie die Errichtung israelischer Siedlungen, den Aufkauf von Land, die Annexion und Judaisierung [Ost-]Jerusalems und dessen Isolierung vom restlichen Westjordanland, um schließlich die israelische Hegemonie in den besetzten Gebieten festzuschreiben«. In Übereinstimmung mit den säkularen Parteien der Ablehnungsfront sind die meisten palästinensischen Intellektuellen, die bis vor kurzem noch der PLO nahestanden, der Meinung, Arafat und seine Gruppe habe die historischen Ziele des Widerstands – Rückkehr von drei Millionen Flüchtlingen in ihre Heimat oder Entschädigungszahlungen; Garantie der international anerkannten Grenzen des Waffenstillstands aus dem Jahr 1948; Gründung eines souveränen Staates mit Hauptstadt Ost-Jerusalem – für einen sehr geringen Preis aufgegeben. Edward W. Said erinnert an den »Ausverkauf der Intifada und der Idee des Widerstands, um gar nicht erst vom Andenken an all das zu sprechen, was seit 1948 zerstört oder beschlagnahmt wurde, während Israel auch nicht die kleinsten substantiellen Abstriche gemacht hat«.

In dem Maße, wie die Palästinenser sich der Dimension des Scheiterns bewußt wurden – die dritte *nakba* oder Katastrophe im letzten halben Jahrhundert, wie eine würdige und gelassene alte Dame aus Gaza es nennt –, stimmten die Israelis die Siegeshymnen an: die unterzeichneten Abkommen von 1993 und 1994 sind eine neue, leicht abgewandelte Version des berühmten Plans, den der stellvertretende Premierminister Alon kurz nach dem israelischen Sieg im Sechstagekrieg 1967 vorlegte. »Sie waren es, die ihre Haltung geändert haben, nicht wir«, erklärte Shimon Peres nach der Unterzeichnung. »Wir verhandeln nicht mit der PLO, sondern mit ihrem Schatten.« Grund für das anfängliche Frohlocken waren natürlich die spürbaren Ergebnisse: bis 1990 waren die Vereinten Nationen für eine friedliche Lösung des Konflikts eingetreten, basierend auf der Existenz zweier Staaten und ihrer gegenseitigen Anerkennung. In Oslo und Kairo wurden der palästinensische Staat und das Recht auf Selbstbestimmung seines Volkes hintangestellt: Israel behält die Kontrolle oder Herrschaft über das Jordantal, die Grenzen des Autonomiegebietes, die Siedlungen und ihre Verbindungswege sowie über Groß-Jerusalem, das die Knesset einseitig zur »ewigen und unteilbaren Hauptstadt des jüdischen Staates« erklärt. Wie Meron Benvenisti in der israelischen Tageszeitung *Haaretz* nach dem Kairoer Treffen im Mai letzten Jahres schrieb: »Eine aufmerksame Lektüre des Hunderte von Seiten starken Abkommens läßt keinen Zweifel darüber aufkommen, wer der Sieger ist und wer der Besiegte. Aus der ganzen floskelhaften Ausdrucksweise, der bewußten Fehlinformation, den Hunderten von Abschnitten und Unterabschnitten, Zusätzen und Protokollen spricht überdeutlich, daß Israels Sieg vollkommen war und die palästinensische Niederlage vernichtend.« Als Prämie für die »Flexibilität« Rabins und seine »Geneigtheit zu einem angemessenen und gerechten Frieden« gewährten die Vereinigten Staaten Israel eine Beihilfe von sechs Millionen Dollar!

Die Frage, die sich viele Palästinenser stellen, nämlich wie der ehemalige Guerillaführer ein Abkommen gutheißen konnte, das fünfundvierzig Jahre Kampf »zum Ausverkaufspreis verschleudert«, wie Azmi Bichara es ausdrückt, Philosophieprofessor an der Universität von Bir Zeit, ist schwer zu beantworten. Die weltweite Isolierung der PLO nach dem Golfkrieg und das plötzliche Verschwinden ihres sowjetischen Verbündeten erklären nicht alles. War es nach einem Vierteljahrhundert pausenloser Kriege, Niederlagen, Belagerungen und Exilierungen, in dem es der PLO gelang, das Banner ihrer Sache zu verteidigen und immer wieder aufzurichten, vielleicht der zunehmende Abstand zwischen den offiziellen, revolutionären Phrasen und den neuen, von der Besatzungsmacht in ihrer Heimat geschaffenen Realitäten, der sie verleitete, den trügerischen »Frieden der Tapferen« zu suchen? Oder führte sie die Dampfwalzenpolitik kompromißloser Besiedlung, die den palästinensischen Raum wie eine Haifischhaut zusammenschrumpfen läßt, zu dem Schluß, sich beeilen zu müssen, wollte man bewahren, was vom Land noch übrigblieb? Wie dem auch sei, als die PLO sich ohne ein Blatt in der Hand an den Verhandlungstisch setzte, war sie dazu verurteilt, das Spiel desjenigen zu spielen, der alle Trümpfe besaß. Die Unbestimmtheit der Friedensvereinbarungen, die Israel stets eine restriktive Auslegung gestattete, leistete einer (zeitweiligen?) Autonomie ohne wirkliche Macht Vorschub, von jeder Hilfe abgeschnitten und mit der unvermeidlichen Unzufriedenheit der Bevölkerung konfrontiert. Merkte die PLO nicht, als sie die einseitige Logik des Gegners unterschrieb – Sicherheit Israels sowohl im Inneren seiner international anerkannten Grenzen als auch in den besetzten Gebieten –, daß sie seine Eroberungen für rechtens erklärte und sich unter zwangsläufig demütigenden Bedingungen in die Abhängigkeit begab? Arafat wird sich des Dilemmas voll banger Sorge bewußt gewesen sein, entweder ein schlechtes Abkommen auszuhandeln oder das Leiden der Bevölkerung auf unbestimmte Zeit zu verlängern.

Zugegeben, im großen ganzen ist es besser geworden seit dem »Friedensprozeß«, nur scheint diesem Umstand in dem heute vorherrschenden Klima der Enttäuschung niemand Rechnung zu tragen.

Für die gemäßigten palästinensischen Intellektuellen ist die inkompetente Bürokratenkaste, die über Jahrzehnte die Sache der PLO immer mehr mit der des Volkes verwechselt hat und »schließlich meinte, die eigene Rettung wäre die des Volkes« (Elias Sambar), die große Verantwortliche für dieses allmähliche Abgleiten von radikalen und unrealistischen Positionen zu Minimalforderungen, die die Flüchtlinge in Jordanien und Syrien gar nicht erst berücksichtigen, geschweige denn die Bewohner der Lager im Libanon, in denen das Gefühl, verraten und verkauft worden zu sein, in pure Verzweiflung umschlägt. Wer erinnert sich noch an die Opfer der Greueltaten von Tell und Zaatar, an die Leichen der Massaker von Sabra und Schatila, von Jean Genet so eloquent beschrieben, an die Schrecken der Belagerung und Vernichtung Beiruts durch die Artillerie und Luftwaffe des Tsahal? Von den heldenhaften *mukhayamat* mit Vertreibung bedroht, durch grandiose hauptstädtische Wiederaufbauprojekte schikaniert, klammern sich die palästinensischen Flüchtlinge im Libanon nur noch an die lächerlichen, anrührenden *kauachin* (Besitzurkunden) ihrer 1948 verlorenen Häuser und Grundstücke. Sie werden heute abgewiesen von einer Gesellschaft, die jede Integration verwehrt; als einzige Hilfe oder Unterstützung bleiben ihnen die milden Gaben der UNRWA, deren Fortbestand viele in Frage stellen. 350000 Menschen als Ausschuß einer

Geschichte, die sich speist aus Feuer und Blut, aus Gedröhn und Raserei!

Die internationale Gemeinschaft zuckt mit den Achseln: ein Drama, das allzu lange dauert, langweilt.

Yitzhak Rabins Beharren darauf, die PNA möge förmlich jene Artikel aus der Charta streichen, die einem jüdischen Staat auf dem Boden Palästinas die Existenzberechtigung absprechen – wozu der PLO-Führer sich in Oslo bereits verpflichtete –, geht über eine anachronistische Sicherheitsgarantie weit hinaus: Arafat hatte sich von diesen Passagen bereits 1988 distanziert, und unter den heutigen Umständen sind sie reine Makulatur. Wie der israelische Professor Ammon Raz Krakotzkin richtig bemerkt (Une paix sans histoire, *Revue d'études palestiniennes*, Winter 1995), »ist es nicht der Wortlaut, den Israel zu streichen verlangt, sondern das dahinterstehende historische Bewußtsein, das heißt, das Gedächtnis Palästinas ganz allgemein. Eine solche Forderung kommt einem Befehl an die Palästinenser gleich, sich in den zionistischen Entwurf der Geschichte zu fügen.« Mit anderen Worten: bedingungslose Kapitulation des nationalen Bewußtseins und Tilgung der Erinnerung als Ergänzung zu einer Geschichte der jüdischen Kolonisierung, die die Existenz der Palästinenser einfach nicht zur Kenntnis nimmt und das Bild von einem leeren Land zeichnet, nach dem Motto »ein Land ohne Volk für ein Volk ohne Land«.

Selbstredend wird dieses Bestreben von den Palästinensern niemals gebilligt werden. Ganz im Gegenteil, ihr Schmerz, ihre Bitternis und die vielen Demütigungen haben das Gespür für die eigene Identität und das erlittene Unrecht verstärkt.

Ausgerechnet im Moment des Sieges auf ganzer Linie – militärisch, politisch und ökonomisch – läuft Israel Gefahr zu scheitern. Indem Yitzhak Rabin die Siedlungen in Gaza und im Westjordanland weiterbestehen läßt, Arafats PNA torpediert, den festgesetzten Wahltermin verschiebt und so die Militärpräsenz des Tsahal in den palästinensischen Städten verlängert etc., legt er einen überraschenden Mangel an Scharfblick und politischer Courage an den Tag. Die Zeit arbeitet gegen ihn, die Demographie genauso: die Konvertierung Zigtausender Palästinenser zu Hamas-Kämpfern und ihre zunehmende Bereitschaft, sich an Selbstmordkommandos zu beteiligen, können von elektrischen Zäunen nicht verhindert werden, auch nicht durch eine Trennung zwischen Israel und den besetzten Gebieten, die sich wegen des haarfein verästelten, von der ununterbrochenen Besiedlung im Westjordanland geschaffenen Gewirrs ohnehin als unmöglich erweist. Statt dem Gegner die Hand zu reichen und das Recht der Palästinenser auf Selbstbestimmung und erträgliche Lebensbedingungen anzuerkennen, schürt das sture Beharren darauf, nicht einen Quadratmeter des gewaltsam Einverleibten aufzugeben, nur einen Konflikt, der mit ein bißchen mehr Großmut und einer Zukunftsvision noch gelöst werden könnte. Der völlige Mangel an Verständnis und an Respekt vor der Würde der Palästinenser macht eine permanente Zwietracht vorhersehbar, die ihrerseits »die Intifada mit anderen Mitteln« fortführen wird, härter noch und blutiger.

Sind Palästinenser und Israelis dazu verdammt, sich über Jahre und Jahrzehnte hinweg physisch und moralisch zugrunde zu richten? Echte Abkommen über Frieden und Zusammenleben wie jene, die Mandela und De Klerk in Südafrika geschlossen haben, sind der Beweis dafür, daß sich die erbittertsten Kämpfe mit wahrer Größe, Bereitschaft zur Vergebung und historischer Perspektive überwinden lassen. 1988 habe ich in meinem *Palästinensischen Tagebuch* den Satz eines Ost-Jerusalemer Intellektuellen über den zweifachen Traum der Nachfahren Isaaks und Ismaels zitiert: das Verschwinden beziehungsweise Nichtvorhandensein des *anderen*. Das Problem dabei, schloß er, »sowohl das unsere als das ihre, ist folgendes: wir wissen nicht, ob wir bereit sind, *weniger als unseren Traum* zu akzeptieren«.

Nach Oslo hegten die Israelis die Hoffnung, sich einen *Traum* erfüllt zu haben auf Kosten des *Alptraums* der Palästinenser. Diese Hoffnung erweist sich schon heute als vollkommen illusorisch. Nur die Anerkennung der palästinensischen Identität und des Rechts der Palästinenser auf einen unabhängigen und demokratischen Staat wird eines Tages einen Schlußstrich ziehen können unter die Tragödie im Nahen Osten.

Abbildungsnachweis

S. 5: Ein palästinensischer Polizeioffizier (links) im Gespräch mit einem israelischen Grenzsoldaten

S. 30/31: Ein Palästinenser auf dem Weg von Gaza in ein Flüchtlingslager

S. 46/47: Eine Hamas-Demonstration im Gaza-Streifen

S. 52/53: Eine Hamas Gedenkfeier in Khan Younis (Gaza-Streifen) – Frauen und Männer getrennt

S. 66/67: Ein israelischer Soldat kontrolliert im Westjordanland die Identität eines Palästinensers

S. 76/77: Israelische Grenzpolizisten führen einen jungen Palästinenser ab

S. 82/83: Kinder von jüdischen Siedlern in Beth El, Westjordanland, hinter einem Stacheldrahtzaun, der die Räumung der nicht genehmigten Siedlung verhindern soll

S. 88/89: Die Abraham-Moschee in Hebron nach dem Massaker vom 25. Februar 1994

S. 94/95: Jüdische Siedler protestieren gegen das Abkommen zwischen der PLO und Israel